예절과 이미지

세상을 살아가는 작은 비밀-캔디의 예절

예절과 이미지

이현주 지음

종문화사

세상을 살아가는 작은 비밀

나는 캔디가 좋다. 특별히 예쁘지도 않고 특별히 가진 것이 많지 않아도 캔디가 좋다. 언제나 스스로 하고자 하는 강한 의지와 용기로 우리를 감동시키는 캔디. 만화영화 「캔디」를 보기 위해 단발머리 중학생 소녀일 때 가파른 언덕 위의 집까지 뛰어오르던 기억이 생생하다.

그 추억 속의 사랑스러운 캔디가 내 마음의 또 다른 한쪽에 자리매김된 숱한 제자들의 영상에 오버랩된다. 어린 제자들, 풋풋한 숙녀들, 이제 막 성숙한 여성으로 들어서려는 예비숙녀들이 사랑스러운 캔디로 다가온다. 내 품으로 달려오는 어린 캔디들에게 무언가 알려주고 싶었다. 내가 세상과 부딪혀 살면서 알게 된 작은 비밀들을. 나는 학생들 앞에 처음 설 때마다 「캔디」의 주제가를 김소월의 진달래꽃을 분석하듯이 칠판에 가득 쓰고 설명한다. 그후 내가 가르칠 모든 것들을 해석하는 기준이 되어주기를 바라고, 또 다 잊더라도 캔디에 대한 내 사랑만은 기억되기를 바라면서 말이다.

「예절과 이미지」는 모든 예비숙녀들을 위한 책이다. 그렇지만 이 책은 오직 캔디만을 생각하면서 써 나갔다. 나의 제자들이 이 책과 만나 오늘을 살아가는 이 시대의 캔디로 다시 태어나는 상상만으로도 힘들기 보다 도리어 나에게는 큰 즐거움이었다.

「예절과 이미지」는 예비숙녀가 한 사람의 인간으로 인정받고 또 업무상으로도 성취감을 얻으려면 꼭 갖추어야 할 것을 기본으로 썼다. 예비숙녀에게는 실력이나 열정만으로 풀어지지 않는 무수한 벽이 분명히 존재하고, 상처받으며 일일이 부닥쳐보기보다는 넘어갈 줄 아는 지혜가 필요하다. 수많은 예절과 이미지 관련 서적들이 있지만 결국 활용될 수 있는 약간의 것만이 나에게 필요하고 의미 있는 것이라고 생각된다. 예절바르고 아름답다거나 멋지다는 것만으로 자신의 이미지와 예절을 갖춘 것이라고 볼 수는 없다. 단순히 아름다워지기보다 구체적인 상황마다 아름다움이 갖는 한계와 유용성을 읽어내고 조절할 수 있는 능력이 필요하다. 어느 장소에서 어떻게 보여져야 자신에게 이로운 것인지 좀더 생각해보아야 한다. 매일 부딪치는 상황을 새로운 자신의 시각으로 해석하려는 노력, 바꾸어가려는 시도가 희망찬 미래를 열어 줄 것이다.

나는 해마다 들어오는 신입생들에게 이렇게 이야기한다. 졸업과 동시에 나의 제자가 되겠지만 나에게 소중한 것은 제자이기보다 동료라고…. 「예절과 이미지」가 동료이자 후배인 그들이 어려움을 극복해 가는 캔디로 다시 태어나게 하는 길라잡이 역할을 해주었으면 한다.

지금까지 수년 간 '직장예절' 시간에 강의해온 것을 중심으로 책을 엮은 것이 용기라고 한다면 내용이 마음에 꽉 차지 않는 것은 부끄러움일 터다. 여러 이유로 충분하지는 못하지만 일단 출간하기로 했다. 기다릴 수만은 없으므로. 끝내고 나니 이제 강의 시간에만 말할 수 있었던 것을 담아 낼 또 하나의 책을 시작할 용기가 느껴진다.

2002년 9월 20일   이 현 주

한국예절

예절의 의미

예절은 예의범절을 줄인 말이다. 예절은 사람과 사람의 상호 접촉 과정에서 지녀야 할 마음의 도리인 예의(禮儀)와 몸가짐, 말투 등에서 나타나는 행동의 유형인 범절(凡節)로 나뉜다. 예의는 정신의 측면에서, 범절은 격식과 행동으로 나타나는 것이다.

인간의 당연한 도리인 예절이 왜 부담스럽고 껄끄럽게 다가오는 것일까. 예절이 강조될 때 마음이 편치 않은 것은 여러 가지 이유가 있다고 생각된다.

우선 예절이라고 하면 전통예절을 연상하거나 서양예절을 생각하지만 실제 일상사에 도움을 주는 것보다는 어렵고 알 수 없다는 생각을 더 많이 하게 된다. 전통예절은 장유유서(長幼有序)로 상징되는 나이에 근거한 위계질서의 강조와 관혼상제의 복잡한 예식으로 생각되며, 서양예절 또한 복잡한 식탁예절로 떠올려지기 때문이다.

또 예절은 어린 시절 어른들로부터 끊임없이 들어오던 잔소리로 연상된다. 특히 원인도 알지 못한 채 단지 나이가 어리다는 이유로 일방적으로 혼나고 강요당했던 경험에서 우리는 아직도 예절에 대한 무력감과 유아적인 피해의식을 벗어나지 못하고 있다는 생각이 든다.

그러나 우리가 더 이상 아이가 아닌 어른으로서 직장생활과 사회생활을 할 때는 예절을 갖추어 행동해야만 한다. 예절은 마음과 몸가짐으로 적절하게 표현될 때 자신의 이미지 향상과 성공을 위한 전략이 될 수도 있다. 예절에 대해서는 적극적인 사고가 필요하다. 예절이 물론 출세를 위한 수단으로만 격하되는 것은 바람직한 일은 아니다. 그러나 인륜적으로 도덕적으로 이렇게 해야만 된다는 당위만을 강조하는 것으로는 충분한 예절 교육이 될 수 없다고 생각된다.

예절은 마음만으로 중요하고 충분한 것이 아니라, 격식에 맞는 형식을 갖춰 표현됨으로써 완성되는 것이다. 그러므로 상황에 맞는 격식있는 행동이 무엇인지를 공부하고 자연스럽게 행동으로 나타나도록 반복하여 익혀두는 일이 중요하다. 예절에 대해 생각하고 또 생각하는 과정에서 인생을 윤택하게 하는 많은 보물들을 찾아낼 수 있을 것이다.

위계질서

우리가 보통 우스개로 하는 말 중에 "물에도 윗물과 아랫물이 있다"고 한다. 그만큼 위계질서를 중요시한다. 일단 만나면 나이를 묻고 나이에 따른 대접을 하느냐 못하느냐에 따라서 그 사람 자체에 대한 평가가 달라지기도 한다. 하지만 사실은 윗사람에 대한 예우만큼이나 아랫사람에 대한 사랑도 강조하고 있는 것이 우리 예절이다.

가정에서 어버이는 자녀를 사랑하고, 자녀는 부모를 효도로 모시고(父慈子孝), 형은 아우와 우애하고 아우는 형을 공경하라는 것이다(兄友弟恭). 사회에서는 웃어른은 공경하고 아랫사람을 사랑하며(敬長愛幼), 상급자를 섬기고 아랫사람을 사랑하라는 것이다(事尊使卑).

맹자는 조직사회에서는 직급(벼슬)을 기준으로 하고, 일반사회에서는 나이를 기준으로 하며, 백성의 어른이 되는데는 학문과 덕을 우선하고, 일가간에는 항렬로서 위계를 삼는다고 했다.

또 논어에서는 나이로 위계를 정하는 기준을 다음과 같이 밝히고 있다. 자기보다 16년 이상이면 아버지 모시듯이 하고, 11년 이상이 많으면 형님 섬기듯이 하며, 6년 이상 나이가 많으면 선후배로 지낸다고 말했다. 이는 5년까지는 친구처럼 지낼 수 있고, 6년 이상 10년 이내의 경우는 연장자가 친구로 지내자고 할 때만 친구로 지낼 수 있다는 것이다.

이렇게 철저한 위계사회에서도 세대차이와 연령차이, 직급차이와 무관한 위계가 있다. 그것은 가르치는 선생님과 배우는 제자, 잘하는 사람과 못하는 사람, 앞선 사람과 뒤진 사람, 학문과 덕망이 있어 남의 모범이 되고 존경을 받는 사람은 어른대접을 해야 한다는 것이다.

윗사람과 아랫사람 상호간의 사랑을 강조한 이러한 위계질서는 잘 해석된다면 현재에도 여전히 합리적이라고 생각된다. 같은 직위, 같은 등급이므로 나이와 상관없이 동등하다는 서구식 사고방식은 업무상으로는 합당하다. 하지만 우리가 사용하는 말이 나이에 따른 위계질서를 반영한 언어체계를 갖고 있기에, 나이 어린 아랫사람은 적절한 경어사용과 예의를 갖추는 것이 본인을 위해서 필요하다고 생각된다.

다만 나이가 많다는 것만으로 아랫사람에 대한 애정 없이 대접받기만을 원한다면 모양새가 우습게 될 것이다. 또한 자신은 윗사람에 대한 예의를 갖추지 못하면서 사랑받기를 원하거나 대접받기를 바란다면 그것도 이룰 수 없을 것이다.

예절의 방위와 상하석

우리 전통예절에서는 방위를 일상생활이나 의식행사에서 혼동이 없도록 동서남북을 인위적으로 정한다. 자연에서의 동서남북과는 상관이 없이 제일 윗자리를 상석이고 북쪽으로 본다. 상석의 앞쪽이 남쪽이며, 상석에서 왼쪽이 동쪽이고 오른쪽이 서쪽이다. 예절에서의 상석은 제사의식에서는 신위를 모신 곳이고, 혼인예식에서는 주례가 서는 곳이고, 사무실에서는 상급자가 있는 곳이고, 교실에서는 선생님이 가르치는 곳이고, 행사장에서는 단상 있는 곳이다. 이들 상석을 북쪽으로 본다.

동쪽과 서쪽에도 상석을 따진다. 산사람에게는 동쪽이 상석이고, 죽은 사람에게는 서쪽이 상석이다. 살아서 남자는 여자의 동쪽에 서고, 죽어서 남자는 여자의 서쪽에 묻힌다. 양끝보다는 중앙이 상석이고 낮은 곳보다는 높은 곳이 상석이다. 상석에서 먼 곳보다는 가까운 곳이 상석이다.

전통예절에서 흔히 얘기하는 남좌여우(男左女右)란 말은 북에 앉아 남향을 하고 남자는 좌측인 동쪽에, 여자는 우측인 서쪽에 자리해야 한다는 뜻이다. 동쪽은 해뜨는 곳이라 양(陽)이므로 남자가 위치하고, 서쪽은 해지는 음(陰)이라 여자가 위치해야 한다는 것이다. 예식에서 두 손을 모으는 공수(拱手)를 하는 경우에도 여자는 남자와는 반대로 음인 오른손을 왼손 위에 얹는다. 그러나 죽음은 음이므로 산소의 매장위치는 남자가 서쪽으로 바뀐다. 또 공수도 흉사의 경우는 경사나 평상시의 공수법과 반대로 한다.

경조 예절

일반적으로 경조(慶弔)라 하면 경사(慶事)와 상사(喪事)를 말한다. 기쁨과 슬픔, 걱정을 남의 일이라 방관하지 않고 상부상조하는 것이 우리의 전통예절이다. 부조는 향촉대(香燭代), 지촉대(紙燭代)라는 용어에 남아 있듯이 경조사에 필요한 물품을 나누는 작은 정성에서 비롯된 것이다. 자신의 형편에 맞게 나름의 기준을 갖고 부조나 선물을 하는 분위기가 정착되어야 할 것이다. 선물이나 부조를 받는 사람은 바라지 말아야 하며, 부조할 형편이 되지 못하더라도 불참하여서는 안된다. 현금으로 부조할 경우 좋은 일에는 되도록 새 돈으로, 나쁜 일에는 헌 돈으로 한다. 되도록 경하의 취지와 금액 및 주는 사람을 기록한 별도의 속종이(單子)로 싸서 넣는다.

조문을 할 때는 종교의식에 따라 다르나 유교식의 조문예절에서는 2번 큰절하고 상주와 1번 평절한다. 가족의 죽음에 대해서는 말로 위로할 수 없는 큰 슬픔이라고 보기에 아무 말을 하지 않거나 간단하게 '애도합니다' 라고 말한다. 장례는 3, 5, 7, 9일장으로 한다.

장례식의 경우는 소박한 검은색의 옷을 입는다. 눈에 띄는 옷차림은 피한다. 검은색이라 하더라도 번쩍이는 옷감이나 대담한 디자인의 옷이라면 차라리 수수한 색상의 옷을 입는 것이 낫다. 진주와 결혼반지 이외의 액세서리는 착용하지 않는다. 하지만 진주도 경우에 따라 제한적으로 착용할 필요가 있다.

남자의 경우 스무 살이 되면 검은 넥타이와 양복을 준비해 둘 필요가 있다. 장례식 이외에도 격식을 차려야 하는 대부분의 예식에 폭넓게 활용할 수 있다.

　　결혼식과 같은 경사의 경우는 옷차림을 밝게 한다. 단 결혼식의 신부보다 주목을 받지 않도록, 신부의 드레스와 같은 흰색이나 아이보리 정장은 입지 않는다. 평상복과는 다른 잔치 분위기에 어울리는 옷차림을 하고 머리모양을 다듬고 깔끔한 구두와 핸드백, 액세서리 등으로 경사의 느낌을 살린다. 결혼 축하 선물은 복잡한 결혼식 날을 피해서 직접 전달한다.

공수와 절하는 법

의식행사나 어른을 모시고 있을 때 두 손을 앞으로 모아 잡는 공손한 자세를 공수(拱手)라 한다. 남좌여우(男左女右)의 이치에 따라 남자는 평상시와 좋은 일(吉事)의 경우에 왼손이 위로 오게 하고 바른손의 엄지를 왼손의 엄지와 검지 사이에 낀다. 여자의 경우는 남자와 반대로 오른손이 위에 오도록 잡으며, 흉사의 경우는 반대가 된다.

단 초상에서 삼우제까지는 흉사이지만 장사를 치른 지 100일이 되는 졸곡제(卒哭祭)부터는 길사로 친다. 평상시의 제사도 자손이 있어 제사를 받을 수 있다고 보기에 좋은 일이라고 생각하므로 남자의 공수는 왼손이 위로 오게 한다.

앉은 자세에서는 남자는 가운데, 여자는 오른 무릎 위에 공수한 손을 둔다. 무릎을 세워 앉을 경우에는 남녀 모두 세운 무릎 위에 공수한 손을 둔다.

지역에 따라 풍습에 따라 절하는 방법이 다르지만 상대에 대한 공경을 나타내는 상징으로 어느 정도의 합의가 필요하다고 생각된다. 약 400년전인 1599년 사계(沙溪) 김장생(金長生)선생의 가례집람(家禮輯覽)에 그림까지 곁들여 제시되어 있으니, 이를 기준으로 알아보고자 한다.

일반적으로 절은 남자는 양이므로 한 번, 여자는 음이므로 두 번을 기본 횟수로 한다. 산사람에게는 기본 횟수만 하고 의식행사나 죽은 사람에게는 기본 횟수의 배를 한다. 그러므로 혼례나 제사에서는 남자가 두 번 여자가 네 번 절한다. 절은 받을 어른이 시키는 대로 횟수를 줄일 수 있다. 하지만 격식을 갖추는 큰절의 경우에는 절의 횟수를 따지지만 평절의 경우는 단배로 끝난다.

　　절을 할 수 없는 장소에서는 경례로 대신하고, 장소가 옮겨지면 절을 한다. 절을 할 수 있는 장소에서는 지체없이 절을 하도록 한다. 흔히 '절 받으세요', '앉으십시오' 라고 말하는 것은 윗사람에 대한 명령이 되므로 무례를 범하는 것이다. 절하는 사람이 먼저 시작하고 늦게 일어나며, 절 받는 사람은 늦게 시작하고 먼저 일어난다. 절 받는 사람은 상대가 성년이면 반드시 답배를 해야 한다.

절의 종류

⁜ 남자의 큰절 계수배(稽首拜)

　　답배하지 않는 어른에게 절하거나 의식행사 때 하는 절이다. 공수하고
선 자세에서 왼무릎을 먼저 꿇고 오른 무릎을 따라 꿇고 엎드리며 공수한 손
을 바닥에 짚는다. 절을 했을 때 빌은 왼발을 밑으로 오른발은 위로 포개고
발꿈치를 깊게 앉는다. 팔꿈지를 바닥에 대며 머리를 숙여 이마를 손등에 대
고 엉덩이가 들리지 않도록 주의한다. 잠시 머물렀다가 고개를 들며 팔꿈치
를 바닥에서 떼며 상체를 일으킨다. 오른 무릎을 먼저 세우고 공수한 손을 바
닥에서 떼어서 오른 무릎을 짚고 힘을 주며 일어난다.

⁜ 남자의 평절 돈수배(頓首拜)

　　답배를 해야 하는 손윗사람(15년 이내)이나 대등한 관계에서 맞절하는 절
이다. 선생님, 연장자, 상급자, 형님, 누님이나 같은 또래간에는 평절을 한다.
큰절과 같으나 머무르지 않고 바로 일어난다.

⁜ 남자의 반절 공수배(控首拜)

　　16년 이상의 차이가 나는 손윗사람이 답배할 때 하는 절이다. 윗사람이
아랫사람인 제자, 자녀의 친구나 친구의 자녀, 동생의 절에 답배로 하는 절로
평절의 약식이라 이해하면 된다. 발을 포개고 앉되 팔꿈치도 바닥에 대지 않

고 엉덩이와 머리가 수평이 되게 굽혔다 일어난다. 답례는 앉은 채로 두 손을 바닥에 집고 고개를 약간 숙여주기도 한다.

✿ 여자의 큰절 숙배(肅拜)

공수하고 선 자세에서 공수한 손을 어깨높이로 올리고 이마를 손등에 댄다. 왼 무릎을 먼저 꿇고 오른 무릎도 가지런히 꿇는다. 오른발을 아래로 왼발을 위로 포개고 뒤꿈치를 벌리며 깊이 앉는다. 상체를 45도 굽혀 잠시 머물렀다가 일으키고 오른 무릎을 먼저 세우고 일어나 두발을 모으고 공수한 손을 내려 원위치한다.

✿ 여자의 평절 평배(平拜)

공수한 손을 풀어 양옆으로 내리고 왼 무릎을 먼저 꿇고 오른 무릎도 꿇는다. 오른발을 아래로 왼발을 위로 포개고 뒤꿈치를 벌리며 깊이 앉는다. 손가락을 가지런히 모아 끝이 밖을 향하게 무릎 옆에 모아 바닥에 대며 상체를 45도쯤 굽힌다. 상체를 일으키며 손을 바닥에서 뗀다. 오른 무릎을 먼저 세우고 오른 무릎을 짚고 일어나서 발을 모으고 공수한다.

✿ 여자의 반절 반배(半拜)

평절과 같이하되 상체를 15도쯤만 굽힌다. 맞절과는 다르며 답배상대가 연소한 경우에는 남녀 모두 앉은 채로 두 손을 앞바닥에 짚어주기도 한다.

서양예절

서양예절의 기본개념

서양예절의 특징은 개인을 중시한다는 것이다. 가족이나 집단이 중요한 것이 아니라 한사람의 개인과 또 다른 한사람의 개인이 맺는 관계에 있어서 지켜야 할 예절을 중시하고 있다. 예절을 영어로는 에티켓이라고 하는데 그 어원은 프랑스 베르사이유 궁정 화원의 꽃을 밟지 못하도록 세웠던 표지의 출입금지라는 뜻의 'Estiquier' 이라는 용어에서 비롯되었다. 궁정의 화원뿐 아니라 상대의 '마음의 화원'을 해치지 않는다는 뜻으로 넓게 해석해서 예절 이란 뜻으로 사용하게 되었다고 한다.

❀ 개인의 존중

서양의 예절은 우선 위계질서의 강조보다는 개인과 개인의 대등한 관계 에서 상대방을 의식하고 배려하라는 것을 특별히 강조하고 있다. 나 자신이 먼저 상대방에게 호감을 주고, 폐를 끼치지 말며 존중하라는 것이다.

❀ 프라이버시

개인 존중의 연장에 있는 프라이버시의 존중이다. 상대의 개인적인 고유 영역이라 할 시간이나 공간, 사생활에 접근하는 것에는 많은 주의를 요한다.

먼저 상대의 시간을 침범하게 될 경우에는 반드시 양해를 얻어 예약이 되어야 한다. 상대가 원하지 않는데 필요 이상의 시간을 낭비하지 않도록 면담이나 모임의 목적과 소요시간 등을 확실히 알리고 효율적으로 진행하여야 한다. 자신의 시간을 자신이 관리할 수 있도록 배려하는 것이다.

또 보디 존이라 얘기하는 개인의 물리적인 신체적 공간에의 접근에도 유의해야 한다. 필요 이상 정면에서 가깝게 다가선다든지, 동의를 구하기 위해 상대를 툭 치는 등 부주의하게 신체적으로 접촉하는 것은 불쾌감을 유발한다.

그밖에도 아무 생각 없이 사는 집의 평수나 급여 수준, 학력, 출신지, 성장과정 들을 캐묻는 것도 질문을 당하는 입장에서는 조사를 받는 듯 불쾌한 일이며 서양인의 관점에서는 명백한 프라이버시의 침해다.

✿ 여성존중

또 하나의 특징은 여성을 존중하는 'Lady First' 라는 개념이다. 이는 여성을 포함한 약자를 돌보는 것이 남성의 힘과 품위를 나타내는 것이라는 기사도 정신에서 유래한다. 장애인이나 어린이, 여자를 위급한 상황에서 먼저 구명 보트에 태우는 정신이다. 하지만 서양에서도 여성 차별이 엄연히 존재하고 'lady first' 가 일상생활이 아닌 직장생활에서 어떻게 활용되는지는 주의해서 볼 필요가 있다고 생각된다.

일단 사교 생활에서 여성은 당연히 레이디에 걸맞은 매너를 가지고 행동하도록 기대된다. 그러므로 모임에서 자신의 위치를 찾지 못하고 남편의 뒤에 숨어서 아무 말도 없이 웃기만 하는 것은 적절한 예절을 갖추지 못하는 것이 된다.

✿ 오른쪽이 상석

존경하는 상대에 대해 존경을 표현하는 방법으로는 상대방에게 상석인 오른쪽을 양보하는 것이다. 존경하는 상대는 항상 오른쪽에 있게 하는 것이다. 그래서 "Left hand lady is not a lady"라는 말이 있다. 여성과 동행하면서 왼편에 두면 상대 여성을 숙녀로 인격적 대접을 하지 않는 결례를 범하는 것이다.

소개하는 방법

사회생활에서의 비즈니스의 시작은 만남에서 비롯된다. 그 중간역할을 하는 것이 소개다. 서양예절에서는 소개하는 형식과 예의를 퍽 중요하게 여긴다. 소개의 몇 가지 기본사항을 알아두면 만남과 만남으로 이어지는 비즈니스 활동에 세련미를 더 할 수 있을 것이다.

❀ 소개하는 순서

이성간에는 남성을 여성에게 소개한다.

손윗사람에게 손아랫사람을 소개한다.

지위가 낮은 사람을 높은 사람에게 소개한다.

후배를 선배에게 소개한다.

소개를 부탁한 사람을 소개받는 사람에게 소개한다.

미혼인 사람을 기혼자에게 소개한다.

집안 식구의 경우는 자기 식구를 다른 사람에게 소개한다.

모임에서는 편의상 소수가 다수에게 먼저 소개한다.

기혼 여성의 경우는 어떠한 경우라도 남성을 먼저 소개한다.

❀ 소개시의 주의점

소개시에는 모두 일어서는 것이 원칙이다. 그러나 남성이 여성을 소개받을 때는 반드시 일어나야 하지만 여성의 경우는 반드시 일어날 필요는 없다. 나이가 많은 부인이나 환자, 노인의 경우는 예외다. 하지만 모임을 주관하고 손님을 대접하는 입장에 있는 여주인의 경우는 반드시 일어나 격식을 갖추어야 한다. 소개시 정확한 이름을 듣지 못했다면 제3자에게 다시 물어보는 것이 좋다. 상대방의 이름을 유의해 듣는 습관을 기른다.

❀ 악수

소개가 끝나면 악수를 하는데, 이성간일 때는 여성의 경우 목례로 대신할 수 있다. 소개를 받았다고 곧장 손을 내미는 것은 실례며, 연소자는 연장자가 악수를 청하기를 기다려야 한다. 연장자가 악수 대신 간단한 인사를 하면 연소자도 이에 따른다. 악수나 목례는 얼굴에 미소를 띠고 한다.

악수는 원칙적으로 오른손으로 한다. 우정의 표시임으로 너무 세지도 약하지도 않도록 성의 있게 잡아 상하로 가볍게 흔든다. 실제 악수를 해보면 상대방의 품성을 파악할 수 있다고 생각된다. 여성과의 악수는 흔들지 않는 것이 좋으며, 상대가 왕족이나 대통령 등 최상급자인 경우는 먼저 머리를 숙여 인사한 다음 악수에 응한다. 이외의 경우에는 상대방의 눈을 보면서 당당하게 하는 것이 좋다.

비즈니스의 연장인 모임에서는 여성이 먼저 악수를 청하는 것이 에티켓이다. 한국여성이라고 할지라도 일하는 여성이라면 상대보다 먼저 악수를 청하는 것이 업무상 깊은 인상을 남기는데 효과적이라고 생각된다. 초면의 남성에게는 악수 대신 가벼운 인사와 미소로 충분하지만, 소개받은 남성으로부터 작별인사를 받게 되면 악수로 응하는 것이 예의다.

　또 서양에서는 악수를 하면서 동시에 명함을 주면 이상스럽게 생각하므로 악수와 분리해서 명함을 교환한다. 또 업무상 꼭 필요한 경우가 아니면 명함을 교환하지 않는 것이 관례다.

테이블 매너

테이블 매너는 왜 필요한가. 현대인에게 있어 식사는 단순히 배고픔을 면하기 위해 먹는 것 이상의 의미를 갖는다. 일을 하게 되면 고급식당에서 식사를 같이 하면서 사교와 업무를 겸하는 경우가 많기 때문에 자기 나름의 편의 위주보다는 격식을 갖춘 테이블 매너가 필요하게 된다.

✿ 레스토랑과 웨이터

고급식당인 레스토랑(Restaurant)의 어원은 '부흥시킨다', '기운을 회복시킨다'는 유래를 갖는다. 고급식당의 이용에는 예약과 예약시간 엄수가 중요하다. 취소나 늦을 경우는 즉각 전화를 한다. 30분이 지나면 예약은 자동으로 취소된다. 고급식당을 이용하는 이유는 맛있는 음식과 함께 좋은 분위기를 즐기기 위함이므로 손님으로서 분위기를 깨지 않고 맞추어주는 최소한의 노력이 필요하다. 정장을 입지 않으면 입장을 거절하는 식당도 있고, 정장을 대여해 주는 곳도 있다고 한다.

고급식당의 웨이터는 단순히 음식을 날라주는 사람 이상임을 잊지 말자. 웨이터의 전문지식과 의견을 존중하고, 식당 이용에 발생하는 모든 문제에 도움을 받도록 한다.

❀ 자리잡기

웨이터의 안내를 받아 지정해주는 곳에 자리를 잡도록 한다. 원하는 자리가 있으면 의논해도 좋지만 안내를 무시하고 무조건 자리를 잡고 앉는 행위는 하지 않는다. 안내된 자리에서는 웨이터가 의자를 먼저 권하는 자리가 상석이므로 손님 중 제일 중요한 분이 앉도록 배려한다. 자리를 권할 때 극구 사양하거나 기어이 다른 자리에 앉는 것은 상대의 호의를 무시하는 행동이므로 조심해야 한다.

여성이 먼저 자리에 앉은 후에 왼쪽으로 들어가서 앉고 되도록 의자에 깊숙이 앉는다. 음식이 나오기 전에 식탁과 가슴 사이에 주먹 하나 정도의 간격을 두도록 미리 당겨 앉는다. 한 손님이 차지하는 식탁의 폭은 약 65~75cm라는 것을 염두에 두고 팔꿈치는 가볍게 몸에 붙인다. 상대의 영역을 침범하지 않도록 유의해야 한다.

❀ 메뉴 고르기

메뉴를 고를 때는 메뉴판을 보고 고른 후에 접어두면 웨이터가 다가온다. 그때 다시 메뉴판을 펴고 자신이 원하는 것을 얘기하도록 한다. 메뉴판을 펼치고 있으면 계속 메뉴를 고르고 있다고 생각한다. 메뉴를 선택할 때는 웨이터와 상의하여 추천을 받는 것도 좋은 방법이다. 물론 메뉴의 결정은 자신이 한다.

초대를 받은 경우에는 상대를 배려하여 가장 비싸거나 가장 싼 음식은 시키지 않아야 한다. 대화는 날씨, 여행, 스포츠, 문화 등 가벼운 화제로 하고 상대가 원하지 않는 나이나 건강, 금전 등의 얘기는 피한다. 정치나 종교, 여성차별과 같은 의견대립의 소지가 있는 화제는 금기 사항이다.

✿ 냅킨 사용법

냅킨은 자리에 앉아 몇 마디 대화를 나눈 후 천천히 펴며, 식사 전 건배가 있는 경우에는 건배 후에 편다. 영국과 캐나다에서 냅킨은 기저귀를 의미하므로 'serviette'라 한다. 냅킨을 목에 끼우는 것은 아이들의 경우 외에는 흔들리는 비행기의 기내와 같은 특별한 경우에만 허용된다. 냅킨은 두겹으로 접어서 겹치는 부분이 자기쪽으로 오도록 무릎 위에 놓고, 접힌 안쪽에 입술을 가볍게 닦아 상대에게 보이지 않도록 한다. 핑거보울이 나오면 한 손의 손가락만 담아 냅킨으로 톡톡 두드리듯이 닦고, 다른 손도 같은 방법으로 닦는다. 식사 후에는 냅킨을 대충 접어 테이블 위에 올려둔다.

✿ 빵과 버터

물 잔과 와인 잔은 오른쪽의 것을 사용하고 빵 접시는 왼쪽의 것을 사용한다. 빵은 식사가 시작된 후 메인요리가 끝날 때까지 손으로 조금씩 떼어서 벌린 입이 보이지 않도록 조심스럽게 먹는다. 버터를 바를 경우에는 자신의 빵 접시 한쪽에 버터를 덜어 나이프를 사용해 발라먹는다. 입으로 뜯거나 직접 버터에 찍어 먹지 않아야 한다.

✿ 손가방과 화장

여성의 작은 손가방은 의자와 등뒤에 두고, 손은 식사 중에는 큰접시를 사이에 두고 테이블 위에 올려놓는다. 식사 후에는 무릎 위에 손을 얌전히 둔다.

식사 중에는 자리를 뜨지 않는 것이 원칙이나 부득이한 경우 옆사람에게 양해를 구하고 냅킨은 의자 위에 둔다. 테이블 위에 놓게 되면 식사를 마쳤다는 신호가 된다. 식사 후 식탁에서 이쑤시개를 사용하거나 화장을 고치는 것은 예의가 아니다. 반드시 화장실의 파우더 룸이나 별도의 장소를 이용한다.

여성의 경우는 와인이나 커피 잔에 립스틱 자국이 남지 않도록 마시고 나면 반드시 손끝으로 지워 남의 눈에 띄지 않게 한다. 아무리 묻어나지 않는다는 립스틱이라도 1시간이 지나야 충분한 효과가 있으므로, 식사나 음료를 마시기 직전에는 립스틱을 덧바르지 않는 것이 덜 지워진다.

❀ 양식의 순서

양식은 대체로 전체요리 – 수프 – 빵 – 생선요리 – 고기요리 – 디저트 – 와인의 순으로 서빙되며, 식탁에 놓인 포크와 나이프는 바깥쪽에서부터 하나씩 사용한다. 수프는 바깥쪽으로 떠서 스푼의 옆쪽을 기울여 입안에 흘려 넣듯이 먹는다. 수푼은 다 먹고 난 후 손잡이를 오른쪽으로 해서 그릇 속에 놓아둔다.

❀ 포크와 나이프 사용법

나이프는 오른손으로 포크는 왼손으로 양손을 사용하며, 자른 고기를 오른손으로 옮겨 잡은 포크로 먹는 것은 허용된다.

식사 중에는 나이프의 칼날이 안쪽을 향하도록 '八' 자 모양으로 놓으며, 식사가 끝나면 포크가 앞쪽에 오도록 하여 접시 중앙의 오른쪽에 가지런히 놓는다. 떨어진 포크는 웨이터에게 다시 요청한다. 식탁에 떨어진 음식은 먹지 말고 접시의 한구석에 올려놓는다.

❀ 스테이크 요리

스테이크와 같이 소스를 치는 요리는 소스가 나온 후 먹기 시작한다. 스테이크는 미리 잘라 두면 육즙이 빠져 맛이 떨어지므로 우선 가운데를 자르고 한입에 들어갈 정도로 왼쪽에서부터 잘라먹는다.

스테이크는 굽는 정도에 따라 'rare, medium rare, medium, well done' 으로 나누어지는데 익숙하지 않다면 'medium' 이나 'well done' 을 선택하는 것이 안전하다.

생선요리는 오른쪽 꼬리부분부터 먹기 시작하고 어느 경우에도 뒤집어서 먹지는 않는다. 가시가 있는 생선요리는 먼저 위쪽부분을 먹은 다음 가시를 걷어내고 나머지를 먹으면 된다. 음식을 입에 넣은 동안에는 이야기하지 않으며, 먹는 소리를 내지 않는다.

❀ 와인

와인은 산지와 포도의 수확년도, 브랜드, 요리의 종류에 따라 손님을 초대한 쪽의 남자가 선택한다. 잘 알지 못할 때는 웨이터의 도움을 받아 고르면 된다. 일반적으로 생선요리에는 백색와인을, 육류요리에는 레드와인을 고른다. 와인은 사양할 수 있지만 건배를 위한 샴페인은 받아둔다. 와인이나 물은 입안에 음식물이 있을 때 마시지 않는다. 식사 중의 음주는 3, 4잔까지 허용되나 취하는 것은 절대 용납되지 않는다. 우리나라와 달리 과음에 대해 관대하지 않다는 점에 유의한다.

❀ 커피

후식으로 나오는 커피 잔은 엄지와 검지로 가볍게 잡는다. 손잡이의 고리에 손가락을 꿰지 않는다. 받침접시를 들거나 손으로 받치지 않는다. 하지만 아침식사에서는 처음부터 커피나 홍차를 과일주스와 함께 마시고, 식사가 끝날 때까지 얼마든지 마셔도 상관이 없다.

❀ 마무리

식사 후 웨이터의 손을 덜어주기 위해 그릇을 포개어 두는 행위는 하지 않는다. 웨이터의 업무영역을 침범하는 행위가 된다. 손님으로서의 품위를 끝까지 유지하도록 한다.

인사

바른 인사

인사는 상대의 존재에 대한 인정이라 할 수 있으므로 나의 마음이 담겨지도록 성의있게 해야 한다. 사람들은 누구나 존중받고 싶어하고 성의 있는 인사를 받고 싶어한다. 사회의 초년생이라면 '인사 잘하기' 하나만으로도 좋은 인상을 남길 수 있다. 그러므로 회사에서 인사는 최대한 적극적으로 한다. 할까 말까하는 망설여지는 상황에서도 먼저 제대로 인사한다. 상대의 상황에 따라 인사하는 방법에서 센스도 필요하다. 상대를 배려하지 않는 인사는 형식에 불과하기 때문이다.

하루에도 여러 번 만나게 되는 같은 회사의 동료에게는 출퇴근시에는 정식으로 비교적 격식을 갖추어 인사한다. 그날 중 처음 만났을 때에는 밝고 명랑하게 인사하고, 다시 만나게 되면 밝은 표정과 함께 목례한다.

목례(目禮)는 목으로 하는 인사가 아니라 눈으로 하는 인사임을 잊지 말자. 상대방이라는 존재가 눈앞에 있을 때 허리를 아주 약간 굽혔다 펴면서 상대를 눈으로 인정해 주는 예를 갖추는 것이 목례이다. 작업중이거나 전화를 받는 도중에도 가벼운 목례를 한다. 중단할 수 없는 업무로 도저히 인사를 하기 어려운 경우에는 목례하면서 그대로 열심히 작업에 몰두하는 것이 상대의 마음을 편하게 할 수도 있다.

잘 모르는 타부서 사람이 인사할 때는 인사로 답례한다. 잘 알지 못하는 사람이라도 먼저 인사를 해오면 인사로 답례한다. 그냥 멀뚱히 쳐다만 보거나 누구인지를 따져 묻지 말고, 주위 동료에게 누구인지 물어 알아두었다가 다시 만나게 되면 정식으로 인사를 건넨다.

사실 어린아이가 어린이집이나 학교에 가면 제일 먼저 배우는 것이 인사다. 그럼에도 불구하고 바르게 인사하는 것은 어른에게도 여전히 어려운 일이다. 인사는 우선 선 자세에서 허리를 굽혀 인사하는 것이 우리의 전통이다. 서양에서는 허리를 굽히지 않고 악수로 인사를 대신한다. 그런데 지금 우리는 허리는 굽히지 않고 고개를 숙여 인사한다.

'고개를 숙인다'는 표현은 상대의 권위에 굴복한다는 의미를 갖는다. 사실 마음으로부터 상대를 존경해서 인사를 하기보다는 상대의 권위에 인사를 해야만 하는 상황이었기에 인사를 해야만 했던 경우가 많았을 것이다.

그러나 어른이 된 지금은 주체적으로 자신의 판단에 의해 인사를 할 필요가 있다. 내가 존중받고자 하는 만큼 상대를 인정해주는 행위의 시작이 바로 인사기 때문이다. 아직도 고개를 숙여 일견 비굴해 보일 수도 있는 어정쩡한 인사를 반복하고 있는 것은 성인으로서 매우 미숙한 행동이다.

이제는 허리를 굽혀 격식을 갖춘 인사를 해보자. 정확한 자세로 상황에 따른 인사를 할 수 있다면 이제 사회인으로서의 자세를 갖춘 어른이 되었다고 할 수 있다.

인사 방법

인사는 단지 말로만 하는 것이 아니라 형식을 갖추어야 하는 것이다. 인사법은 목례와 허리를 굽히는 각도에 따라 경례, 보통례, 정중례로 나뉜다. 어느 인사나 인사는 상대를 보고 즉각 해야 한다. 또 숙인 상체를 펼 때는 숙일 때보다 더 천천히 일으키도록 한다. 숙인 상태에서는 상체가 그대로 머무르는 시간이 있어야만 바른 인사가 되므로, 찍고 올라오는 듯한 성의 없는 인사가 되지 않도록 유의한다.

몸의 중심을 바로 한 자세에서 인사를 해야 비뚤어진 인사가 되지 않는다. 어렵게 인사를 했다는 것이 격식을 갖추지 못해 상대방을 불쾌하게 한다면 얼마나 안타까운 일인가. 그래서 대부분의 기업이 신입사원을 뽑으면 채용과 동시에 연수를 통해 정확한 인사법을 가르치고 있다고 생각된다.

❊ 목례

실내나 복도에서 사람을 자주 대할 때 하는 인사법이다. 앉거나 서거나 걷거나 하는 자세에서 상체를 굽히지 않고 가볍게 머리를 숙이면서 눈으로 예를 표하는 인사이다. 상사의 경우는 일어서서 경의를 표하는 수도 있다. 목례(目禮)는 눈(目)으로 상대를 인정해 예(禮)를 갖추는 것이다.

❀ 경례

상대의 눈을 보면서 상체를 15도 정도로 가볍게 숙여 잠깐 머물렀다 일으키는 인사를 말한다. 아침에 "안녕하십니까"라는 인사말과 함께 하는 인사이다.

❀ 보통례

우리의 일상 생활에서 가장 많이 하게 되는 인사법이다. 윗사람이나 손님에게 예의를 갖춰 인사할 때 쓴다. 상체를 30도 정도 숙여 잠시 머무른 후에 천천히 상체를 편다. 남자는 팔과 손을 바지 선에 자연스럽게 붙여서 인사하고, 여자는 앞으로 두 손을 모으면서 허리를 굽힌다. 앞으로 손을 잡는 것이 너무 여성스럽게 느껴진다면 모아 잡지 않아도 무방하지만, 손 둘 곳을 몰라 헤매는 것은 좋아 보이지 않는다.

❀ 정중례

정중한 인사는 두 손을 앞으로 모으거나 몸쪽에 붙여서 상체를 45도 정도로 깊숙이 숙여 하는 인사이다. 윗사람이나 중요한 손님에게 의식을 갖춰 하는 인사이다. 특별히 결혼식에서나 졸업식 등 중요 의식행사에서는 정중한 인사를 한다.

인사말

일상생활 속에서 정중한 인사와 함께 격식을 갖추어 선네지는 자연스러운 인사말은 상대에게 존경과 친밀감을 나타내며, 서로가 명랑한 마음을 나누게 된다. 기계적으로 허리만 굽혀서는 인사의 예를 다 갖추었다고 할 수 없다. 한마디 한마디 정성을 담은 인사말은 매우 중요하다. 다음의 인사말이 자연스럽게 입으로 나올 수 있도록 여러 번 반복하여 읽어두도록 하자.

안녕하십니까?

안녕하셨습니까?

진지 잡수셨습니까?

반갑습니다.

부탁합니다.

고맙습니다.

수고하셨습니다.

다녀오겠습니다.

안녕히 다녀오십시오.

다녀왔습니다.

다녀오셨습니까?

안녕히 가십시오.

점심 드셨습니까?

먼저 실례하겠습니다.

먼저 내리겠습니다.

내일 뵙겠습니다.

어서 오십시오.

다음에 뵙겠습니다.

　인사말 중에서 가장 흔히 쓰이면서 가장 논란의 대상이 되는 말은 '수고하세요'라는 말일 것이다. 일부에서는 '수고하세요'를 그냥 헤어질 때 하는 인사말로 보아서 잘못된 사용이 아니라고 본다. 그러나 대부분의 국어학자는 잘못된 사용임으로 보다 주의해서 쓸 것을 요구하고 있다.

　사실 '수고하세요'는 앞으로도 더 고생하라는 의미를 담고 있어 적절하지 못하므로 가능하면 사용하지 않아야 한다. '정말 수고하셨습니다'와 같이 과거형으로 얘기하거나, '수고가 정말 많으시군요'와 같은 현재의 수고에 대한 감사의 의미를 담은 인사에는 사용할 수 있다. '수고하세요'는 또 어미로 봐서도 손윗사람이 아랫사람에게만 할 수 있는 말이지, 아랫사람이 손윗사람에게 말하기는 무리가 있다고 생각된다.

직장

직장 예절

대부분의 사람들이 가장 많은 시간을 보내는 장소는 직장이다. 가정에서는 혈연관계의 고정된 사람들을 만난다. 하지만 직장에서는 직장동료 이외에도 직업활동과 관련된 많은 사람들을 만난다.

가정에서는 아버지나 어머니, 아들, 딸 등의 가족관계가 항구적인 것이다. 따라서 밉든 곱든 서로에 대해서 잘 알고 있기 때문에 많은 것이 양해된다. 가령 딸이 평소와 달리 침묵을 지킨다면 가족으로서는 스스로 말할 때까지 기다리거나 그 이유를 물을 수도 있다. 그렇게 하더라도 당장 지장을 받는 일은 거의 없다.

하지만 직장에서는 직업활동의 수행을 위해서 상대적으로 단편적이고 일시적인 만남을 반복하게 된다. 그 관계가 어느 정도의 지속성을 갖는다 하더라도 그 시작과 끝은 항상 일과 관련되어 있다. 그러므로 직장생활을 하는 한 여성이 어느 날 갑자기 침묵을 지키게 되면 누가 나서서 그 이유를 묻기도 어려울 것이고, 또 그로 인해 많은 사람의 기분에 영향을 미치게 된다. 그 결과 실제 업무의 진행에도 차질을 가져 올 것이다. 집안에서는 과묵하다거나 인사성이 없다 하여도 그 사람에 대해 잘 알고 있기 때문에 용서되고 이해될 수도 있지만, 직장에서는 효율적인 업무진행에 방해가 되지 않기 위해서라도 순간마다 적절한 예절을 행할 수 있어야 한다. 그렇기 때문에 직장에서는 가정에서의 예절과는 구별되는 직장예절이 필요하다.

직장에서의 마음가짐

기업은 사람과 물자와 정보를 이용하여 수익을 올리는 것을 목표로 한다. 직원 개개인에게 지급되는 월급도 그 수익의 일부로 지불되는 것이다. 최근에 논의되고 있는 '성과급 논쟁은 결국 일한 만큼만 노력의 대가를 지불하겠다는 것이며, 정리해고를 하겠다는 것은 수익을 내지 못하는 직원에 대해 회사는 더 이상 월급을 주지 않겠다는 선언이며 이를 행동에 옮기겠다는 것이다.

회사의 직원으로서 회사의 업무와 업무의 성취여부에 관심을 두는 것은 당연한 일이다. 또 개인적으로도 근무시간 동안 열심히 일을 해서 회사가 올리는 수익에 기여도를 높이도록 노력해야만 원하는 보수와 원하는 지위로 승진을 바랄 수 있을 것이다.

이러한 인식의 기반 위에서 직원 개개인은 자신의 근무시간을 효율적으로 활용하려는 노력을 기울여야 하고, 회사가 바라는 근무수칙을 엄수하여야 할 것이다. 물론 직종에 따라서는 고전적인 출퇴근 시간의 준수는 의미가 없을 수도 있지만, 자신이 속한 기업의 경영방침과 근무수칙을 알고 지키려는 마음가짐은 매우 중요하다.

근무 예절

❀ 출근

　출근시간이 9시라고 해서 9시에 그 자리에 있기만 하면 되는 것은 아니다. 출근시간부터 그 날의 업무에 들어갈 수 있도록 준비되어 있어야 하는 것을 말한다. 그러므로 적어도 15분전에는 출근하여 자리에 앉아 업무를 시작할 수 있어야 할 것이다.

　어떤 여성은 일단 출근하고 화장실에서 화장을 하고 나오는 경우도 있는데 크게 잘못된 행동이라고 하겠다. 또 남성들의 경우 회사의 회식 다음날 출근하자마자 사우나에 다녀오는 행동도 마찬가지다. 많은 사람이 늦어도 된다고 생각하는 회식 다음날이나 야근 다음날에도 정시에 출근하여 절제된 모습을 보이는 것은 성공적인 회사생활을 위해서 매우 중요하다.

　명랑한 얼굴로 즐겁게 출근한다. 출근길에 만나는 사람에게는 격식을 갖춘 인사를 한다. 밝고 명랑한 인사로 유쾌한 마음을 나눈다면 하루의 업무가 즐거울 수 있을 것이다. 다정함을 표현한다고 적절하지 못한 농담을 하게 되면 상대의 기분을 망칠 수 있으므로 주의한다. 예를 들어 "웬 일이야. 오늘은 일찍 출근하니! 해가 서쪽에서 뜨겠네"라고 했다면 말을 한 사람은 아무런 의도가 없었더라도 듣는 사람에게는 불쾌감을 준다. 발을 밟아 미안하다는 사람에게 "또 그러면 데이트 신청 할겁니다"라는 농담도 웃어넘기기에는 껄끄럽다. 유머러스하다기보다 어처구니없는 발언이다. 지나치지도 않고 적절한 마음의 표현은 그 사람의 수준을 드러내준다.

일찍 출근하게 되면 시간을 절감하고, 혼잡한 교통으로 인해 육체적으로 지치거나 늦을지 모른다는 정신적 스트레스에서 자유로울 수 있다. 부수적이지만 어쩌면 더 중요한 것을 얻을 수 있다. 일찍 출근하는 소수의 사람끼리 유대감을 가질 수 있으며, 업무가 시작되기 전에 상급자나 필요한 사람의 조언을 들을 수 있는 충분한 시간과 기회를 가질 수 있는 것이다. 남편을 성공시키려면 1시간 먼저 출근시키라는 말이 있는데 여러 가지 면에서 적합한 말이라고 생각된다. 앞서가려면 나를 1시간 먼저 출근시키자.

✽ 퇴근

출근은 5분 늦어도 괜찮은 것처럼 행동하는 사람이 퇴근 시간이 다가오면 안절부절 못하는 것만큼 보기 꼴불견인 것도 없다고 생각된다. 출근 시간을 엄수하는 사람만이 퇴근시간을 지킬 수 있는 권리가 있다고 생각된다. 근무시간이 끝나면 오늘 한 일을 점검하고 내일 잊지 말고 챙겨야 할 일들을 메모하는 시간을 반드시 갖는다. 책상과 주변을 정돈하여 다음 날 출근과 동시에 업무에 들어갈 수 있도록 정리정돈하는 것도 매우 중요한 일이다.

퇴근시에 걸려있는 업무가 있다면 그 처리에 대해 상사에게 보고하고, 지시를 받도록 해야 한다. 퇴근시에는 상사에게 필요한 보고를 하고 퇴근 인사를 한다. "먼저 퇴근하게 되어 죄송합니다", "부득이한 약속이 있어 먼저 퇴근합니다"라고 인사하고 퇴근한다. 퇴근 시간을 지키고 싶다면 출근시간을 지키고 업무시간에 열심히 일하는 모습을 보여야 한다고 생각된다.

❀ 지각과 결근, 조퇴

지각자체보다는 자리를 비움으로써 초래될 수 있는 업무상의 차질이 생기지 않도록 조치하는 것이 중요하다. 지각과 결근, 조퇴 등 부득이한 사유로 자리를 지키지 못하는 경우 본인이 직접 지체 없이 상사에게 전화로 알려야 한다. 지각을 한 경우는 "늦어서 죄송합니다"라고 간단히 말하고 다른 사람들의 업무를 방해하지 않도록 조용히 자신의 자리로 들어가서 업무를 처리한다. 귀중한 아침시간에 지각하게 된 경위를 무용담처럼 장황하게 얘기하는 것은 결례다. 결근이나 조퇴의 경우도 반드시 상사의 허락을 받고, 업무의 차질이 없도록 충분히 조치한다.

❀ 출장과 휴가

출장이나 휴가의 경우는 미리 일의 일정을 앞당겨 사전에 처리할 수 있는 일은 손수 처리한다. 부득이한 일은 옆의 동료에게 정확하게 인수인계를 하여 업무의 진행에 차질이 없도록 한다. 휴가나 출장을 가기 전에 상사와 주변 사람들에게 인사를 잊지 않는다. 돌아와서도 "잘 다녀왔습니다"는 인사를 한다.

❀ 근무 시간

다른 사람에게 폐가 되지 않도록 말과 행동을 수선스럽지 않게 한다. 근무 중에는 자리를 뜨지 않는 것이 원칙이나 필요한 경우에는 반드시 행선지와 용건, 돌아올 예정시간을 밝힌다. 외출의 경우는 상사의 허락을 받는다. 또 자신이 자리를 비울 동안에 예상되는 업무는 미리 처리하거나 동료에게 맡겨 차질이 없도록 조치한다.

❀ 회사의 비품

회사의 비품은 반드시 목적에 맞추어 공적으로 사용한다. 원가의식을 가지고 아껴 쓴다. 물품의 가격이 얼마인지 인식하고 자기 물건처럼 소중하게 관리한다. 자신만 사용하는 물품이라 하더라도 사유화하지 말고 공동으로 사용할 수 있도록 개방하여 관리한다. 빌려온 물품은 반드시 제 위치, 제 부서에 돌려놓는다. 회사의 서류봉투를 사적인 물건을 담아 다니는 용도로 사용하는 것 등은 잘못된 행동이다.

업무의 우선 순위

효율적인 업무수행을 위해서는 우선 자신의 시간과 능력 두 가지 측면에서의 한계를 인정해야 한다. 능력이 된다고 하더라도 시간이 절대적으로 부족하다면 어떤 업무를 수행하고 달성하는데 어려움이 많게 된다. 그러므로 우선순위에 따른 업무진행법을 익힘으로써 효율적인 업무수행과 함께 자신의 시간과 노력을 절약할 수 있다.

1단계에서는 업무의 중요도를 평가한다.
1. 반드시 해야 할 일인가.
2. 해도 되고 안해도 되는 일인가
3. 해서는 안되는 일인가.

1단계에서는 1의 반드시 해야 할 일만 한다. 또 3의 해서는 안되는 일은 절대 하지 않는다. 2의 해도 되고 안해도 되는 일은 시간이 남으면 해도 되지만, 반드시 해야 하는 일을 못하게 되거나 지장을 줄 수 있으므로 신중하게 한다. 의욕보다는 꼭 해야 하는 일의 중요성과 완성도를 우선적으로 고려한다.

2단계에서는 1단계의 반드시 해야 할 일만을 다시 긴급도와 중요도를 기준으로 나눈다.

1. 중요하고 긴급하다.

2. 긴급하지만 중요하지 않다.

3. 중요하지만 긴급하지 않다.

4. 할 필요는 있지만 중요하지도 긴급하지도 않다.

1의 업무는 당장 착수해서 끝낸다. 2는 되도록 빨리 끝낸다. 3은 일정을 짜서 관리한다. 그렇지 않으면 어느새 중요하고 긴급한 일이 되거나, 중요하지만 처리하지 못하고 남아 부담을 주게 될 것이다. 4번의 일은 시간을 두고 부하직원에게 맡기거나 시간이 남는 경우에만 처리한다. 그렇지 않으면 항상 업무성과는 없이 긴급하지만 중요하지 않은 일들을 처리하느라 바쁘게 된다.

지시와 보고

회사에서의 모든 업무는 지시와 보고로 이루어진다. 지시와 보고를 통한 일련의 커뮤니케이션이 잘 이루어질 때 기업이라는 조직의 목적이 달성되고 업무의 성과를 거둘 수 있게 된다.

중요한 것은 상대의 말을 확실하게 귀담아들어 이해하려는 노력과 내가 말하고자 하는 내용을 확실하게 이해시키려는 노력이 지시와 보고 과정에서 병행되어야 한다는 것이다. '나는 분명히 얘기했는데 못 알아듣더라'고 변명하는 것은, '서로 알아듣게 얘기해야 한다'는 업무의 기본인 지시와 보고의 방법에 문제가 있었다는 것을 자인하는 것에 불과하다.

✽ 보고하는 법

1. 5W 2H의 요령으로 결론부터 말한다.
2. 요점만 간단 명료하게 보고한다.
3. 복잡한 내용은 문서나 도표를 작성해서 이해를 돕는다.

✽ 지시받는 법

1. 상사가 이름을 부르면 먼저 분명한 대답을 한다.
2. 메모지와 필기구를 가지고 상사의 옆으로 간다.
3. 반드시 메모하는 것을 습관화한다.

4. 메모는 5W 2H의 원칙에 따라 기록한다.

5. 지시사항은 끝까지 듣는다.

6. 지시사항이 끝난 후 의문나는 점을 물어 확실하게 이해한다.

7. 메모한 것을 보며 요약하여 확인, 복창한다.

시간 관리

하루종일 얼마나 많은 양의 일을 했는지보다는 어떤 중요한 일을 끝냈는지가 더욱 중요하다. 시간외 초과근무는 비효율성과 나쁜 작업습관을 의미하는 경우가 많다. 업무의 효율성을 높이기 위해 시간을 효율적으로 관리하려면 통제하기 어려운 스티커를 사용하지 말고 일정관리 수첩의 기본계획표를 사용한다. 여러 과제들과 일정, 업무 등을 책상 위의 일정 관리 수첩 하나에 모아 기록해 두는 것만으로도 일정과 업무의 흐름을 파악하는데 융통성을 갖게 해준다.

일정관리수첩을 효율적으로 사용하려면 일단 주어지는 과제와 새로 발생하는 모든 업무를 하나의 수첩에 즉시 적는다. 완료된 업무항목에는 체크가 아닌 줄을 긋는다. 미결업무는 하나씩 다음 날짜로 옮긴다. 약속일정은 변경될 수 있으므로 연필로 쓴다. 과제와 전화 항목은 반드시 펜으로 기록하여 나중의 업무에 활용한다.

다음날의 업무를 효율적으로 시작하고 싶다면 매일 정리하는 몇 분의 시간을 갖는다. 필요한 업무를 기본계획표에 추가해 두면 중요한 업무와 과제를 계획대로 처리하는데 많은 도움이 된다.

많은 사람이 서류함에 쌓인 편지, 메모, 보고서 등을 보는 즉시 해결하기보다 일단 미뤄두는 경우가 있는데, 이렇게 되면 업무를 성공적으로 수행하기가 어려워진다. 어떤 식으로든 순간순간 그 일에 대응하도록 하자.

중요한 일은 아침에 가장 먼저 하도록 계획을 세운다. 다급한 일이 벌어지기 전인 이른 아침 시간을 활용할 수 있다면 많은 일을 처리할 수 있다. 아침의 2시간을 전화나 다른 업무의 방해 없이 활용할 수 있다면 두 배 이상의 일을 처리할 수 있을 것이다.

최종마감시간을 지키기 위해서는 일이 맡겨지는 순간 즉시 착수한다. 또 사무실을 나서기 전에 상대의 약속을 확인함으로써 헛수고와 시간 낭비를 막을 수 있다. 또 어떤 약속이든지 5~10분의 여유를 두고 일찍 도착하도록 신경을 쓴다. 돈이나 물건에 대한 사용계획을 세우듯이 인생의 소중한 자원인 시간에 대해서도 자신만의 활용 계획을 세운다.

응대 예절

방문객을 안내하고 맞이하는 것은 자신의 회사를 대표하는 행위다. 그러므로 친절한 태도와 밝은 표정으로 방문객을 성의 있게 맞는 것도 중요한 근무 매너다.

비즈니스 응대에는 공평, 성의, 친절, 정중, 신속, 정확의 여섯 가지 요소가 갖추어져야 한다. 일단 회사를 방문한 사람에 대해서는 상대 회사의 규모나 지위와는 상관없이 공평하고 성의있게 응대하여야 한다. 친절하고 정중한 태도와 말씨로 상대를 존중하는 마음을 보여주어야 할 것이다.

또 회사의 응대는 비즈니스를 성사되도록 하는데 목적이 있으므로 신속하고 정확한 업무처리로 뒷받침된다면 응대의 최종 목적이 달성되었다고 하겠다.

방문객이 예약을 한 경우에는 상대가 나타나기 전에 응대를 준비해두어야 한다. 정확한 약속시간에 방문을 했는데도 무슨 일로 왔는지, 또 경우에 따라서는 마지못해 방문에 응하는 것 같은 느낌을 주는 것은 돌이킬 수 없는 결례가 된다. 상대가 나타나면 눈으로 먼저 인사하고, 즉시 자세를 갖추어 일어서서 명확하고 또렷한 음성으로 상냥한 인사를 건네도록 한다. 그 다음에 민첩하고 절도있는 행동으로 방문객의 성함을 묻고, 신속 정확한 업무처리가 가능하도록 약속된 사람이나 관련업무의 담당자를 만나도록 주선한다.

응대 언어

언어는 정중하고 품위 있는 언어를 사용한다. 완전한 문장으로 얘기하도록 한다. "잠깐만요", "그래서요", "예?" 같은 말은 본인 위주의 생략된 말로 '필요한 당신이 더 얘기하시지…' 하는 느낌을 준다.

그러므로 상대가 나타나면 반드시 "안녕하십니까", "어서오십시오."라는 환영의 인사말을 한 다음에 어떤 용무를 도와 드려야 할지를 정중하게 묻는다. 응대시에는 "잠시만 기다려 주십시오", "고맙습니다", "예, 잘 알겠습니다", "죄송합니다, 다시 한번 말씀해주시겠습니까?" 같은 용어를 적절하게 사용한다.

또 상대의 감정을 고려하여 "할 수 없다", "안된다"는 식의 부정적 표현보다는 "어렵습니다", "곤란합니다"라는 식의 상대의 마음을 배려하고 양해를 구하는 언어를 사용한다. 정말 말이 되지 않는 말을 하더라도, "말이 됩니까?"라는 식으로 상대를 무시하는 표현이 되지 않도록 주의한다.

분명하고 밝은 어조로 말하고, 말끝은 약간 올려서 경쾌한 느낌을 갖게 한다. 안내직원이 아니라는 생각으로 마지못해 축 처진 어조로 얘기하는 것은 상대를 불쾌하게 한다. 내 손님이 아니더라도 직원 전체가 회사를 대표한다는 생각으로 성의를 다한다.

차 대접

차는 방문객으로 하여금 긴장을 풀고 적은 비용으로 대접받는다는 느낌을 줄 수 있으므로, 업무의 효과를 높일 수 있다. 그러므로 계절과 상황에 맞는 적절한 음료를 대접한다.

차를 낼 때는 적당한 시간을 선택한다. 손님이 기다리게 되면 시간을 봐서 차를 낸다. 또 상담에 들어가게 되면 일에 방해되지 않도록 상사에게 차를 낼 시간을 문의한다. 대부분 처음 인사가 오가는 전후에 차를 낸다.

커피의 경우에는 개인의 기호를 문의해서 준비하도록 하고, 일반적으로 아침 업무 시작 시에나 점심식사 후에는 커피가 선호되므로 염두에 둔다. 또 여름에는 시원한 보리차 한잔이, 겨울에는 뜨거운 옥수수차가 커피나 차가운 주스보다 성의 있는 접대가 될 수 있다. 그러므로 차 한잔에도 상대를 배려하는 마음이 포함될 때 진정한 접대의 의미를 갖게 된다는 점을 명심하자.

여성의 경우 거부감을 갖기보다는 업무의 연장에서 차를 접대하는 것은 반드시 필요하다는 인식을 갖자. 다만 하루종일 부서원들과 손님을 접대하는 차를 마련하는 일이 자신의 주요업무인 것처럼 고정되는 것은 바람직하지 못하다. 차를 대접하는 일이 고되기는 해도, 어디까지나 부수적인 것이다. 차 대접이나 시키려고 회사가 당신의 월급을 지급하고 싶지는 않을 것이기 때문이다. 그렇지만 어떤 경우든 일단 차를 낼 때는 기꺼이 대접하는 유쾌한 마음으로 상대의 기분을 좋게 만들 수 있도록 한다.

명함

상대의 회사를 방문하거나 사람을 만날 때는 반드시 명함을 챙겨 둔다. 초면에 명함을 이리저리 찾다가 결국 명함을 건네지 못하게 되면 처음부터 이미지를 구기게 되므로 주의한다.

명함을 교환할 때는 손아랫사람이 손윗사람에게 먼저 건네도록 한다. 명함은 선 자세에서 교환하며, 봉투 위에 놓거나 테이블 위에서 밀어 건네는 것이 아니라 직접 손에서 손으로 교환한다. 명함을 내밀 때는 정중하게 "경인텔레콤의 이현주라고 합니다"라고 소속과 이름을 또박또박 밝히면서 두 손으로 건네도록 한다. 명함은 왼손으로 받쳐서 오른손으로 건네며 자기의 이름이 상대에게 바르게 보이도록 건넨다. 상사가 먼저 건네고, 상사의 대리로 다른 회사를 방문할 때는 상사의 명함과 함께 자신의 명함도 주고 오는 것이 좋다.

명함은 두 손으로 이름을 가리지 않도록 조심하면서 가장자리를 잡아 서서 받는다. 받은 후 가볍게 인사를 하며 읽어본다. 모르는 한자는 본인에게 물어서 확인해 둔다. 받은 명함은 상의 포켓에 보관하며, 상담 중에는 테이블 한쪽에 잘 놓아두어도 무방하다. 그러나 받은 명함을 보지도 않고 바지 주머니에 넣는다거나, 챙기지 않고 테이블 위에 그냥 두고 오는 행동은 예의에 어긋난다. 보는 앞에서 명함에 메모를 하거나 구기는 행동은 하지 않는다. 명함을 소중히 다루는 것은 상대와 상대회사에 대한 경의의 표시다.

방문 매너

방문할 필요가 있는지 검토하고 전화나 편지로 해결할 수 없는 사항이 있을 때, 상대방의 일정을 고려하여 약속을 잡는다. 방문 전날 확인전화를 하고, 약속장소로 떠나기 전에 확인전화를 한다. 예의바른 태도로 정중하게 방문해야 한다. 먼저 약속을 잡고 5분전에 도착해서 비서실을 통해 면담요청을 한다. 기다리는 동안에는 지정해 둔 장소에서 방심하지 말고 기다린다.

상대가 들어오면 얼른 일어나 인사한다. 용건은 미리 자료를 준비하고 요령있게 진행하여 필요 이상 시간을 끌지 않는다. 차나 다과의 접대는 굳이 사양하지 말고 감사의 말을 잊지 않는다.

헤어지기 전에 필요하다고 생각되면 다음 약속의 일정을 잡는다. 결괴에 상관없이 시간을 할애해준 것에 대해 감사의 인사를 한다. 방문을 했는데 담당자를 만나지 못하게 된 경우에는 명함을 남겨두고 오도록 한다.

전화 예절

전화는 상대방을 볼 수 없고, 상대방의 상황을 알 수 없으므로 통화를 할 수 있는지 상대방의 형편을 배려하는 마음가짐을 가져야 한다. 또 목소리만으로 상대의 기분이나 표정, 태도를 연상하게 되므로 밝고 명랑한 목소리로 응대하여야 한다. 비즈니스의 상당부분이 전화업무로 이루어지므로 기업을 대표하고 부서를 대표한다는 마음으로 전화응대에 임하여야 한다.

또 전화도 응대이므로 신속, 정확, 친절, 성의, 정중, 공평의 6가지 원칙이 지켜져야 한다. 상대의 편의를 생각해서 정확하고 간결한 용어로 정성스럽게 이야기가 전달되도록 한다.

간결하고 명확한 언어를 사용하고, 목소리만으로 내 상대가 판단되므로 낮고 부드러운 목소리로 응대하도록 노력한다. 효율적인 시간관리를 위해서 매일 업무시간의 일정시간대를 전화업무에 할애한다.

또 상대의 입장에서의 TPO, 즉 시간과 장소, 경우를 고려해 전화를 하도록 한다. 바쁜 출퇴근 시간은 상대를 배려해 피해야만 하지만, 꼭 필요한 연락은 언제든지 가능하도록 연락처를 확보해 두어야 한다.

회사전화는 특히 원가의식을 갖고 짧은 효율적인 통화를 하도록 노력한다. 통화가 길어지면 전화요금 이외에도 근무시간이 낭비되며, 중요한 전화를 받지 못하는 경우도 있다.

사적인 전화는 되도록 삼가며, 꼭 필요한 경우는 짧게 통화한다. 한국통신의 KT카드를 도입하여 개인의 카드번호를 누르고 전화를 걸면 사적인 전화의 요금은 개인에게 청구되는 제도도 있다. 아직은 우리의 감정과 거리가 있다고 생각되지만, 회사 전화는 회사업무에만 사용한다는 의식을 갖는 것은 중요하다.

❀ 전화 거는 요령

1. 선화 걸기 전에 용건의 주제, 내용, 순서를 메모해 둔다. 필요한 서류. 자료를 갖추고, 전화번호, 상대의 소속, 이름 등을 다시 확인한다. 정확하게 다이얼을 돌린다.
2. 상대가 나오면 이쪽의 이름을 대고 상대를 확인하면서 간단한 인사를 한다.
3. 처음에 전화를 건 이유를 설명하고, 용건을 결론부터 요령 있게 전한다. 용건을 다 이야기했으면 복창하여 짤막하게 확인한다.
4. 인사를 나누고 수화기를 살짝 내려놓는다.
5. 전화가 도중에 끊기면 원칙적으로 건 쪽이 다시 건다. 다시 걸 때는 "전화가 도중에 끊겨서 죄송합니다"라는 사과의 말을 한다.

❀ 전화 받는 요령

1. 벨이 울리면 2번 이상 울리기 전에 왼손으로 수화기를 잡고, 오른손으로 메모할 준비를 한다.
2. 회사에서는 '여보세요' 라고 하지 않고, 먼저 '안녕하십니까' 라는 인사를 하면서 소속 부서와 이름을 댄다.
3. 상대를 확인하고, 간단히 인사한 후 용건을 확인한다.

4. 전화를 바꾸어 줄 때는 누구로부터 어떤 용건으로 온 전화라는 간략한 전언을 같이 전달해서, 전화를 건 사람이 한 말을 반복하지 않도록 배려한다.
5. 잘못 듣거나 용건을 빠뜨리지 않도록 주의해서 끝까지 다 들은 후 복창하여 상대에게 확인한다. 시간과 장소, 지명, 금액 등 복잡하고 중요한 내용의 경우에는 특별히 잘 메모하고 바르게 확인한다.
6. 대화가 끝나면 상대가 끊을 때까지 기다렸다가 조용히 끊는다.
7. 전언을 부탁 받았을 때에는 전화메모에 5W2H 원칙에 근거하여 용건을 확실하게 본인에게 전달하여 순다.

통신 예절

거리에 나서면 휴대전화를 갖지 않은 사람이 없고, 반수 이상의 사람이 통화중인 듯이 보인다. 걸면 걸리는 때와 장소를 가리지 않는 휴대전화 덕분에 고속버스 안에서조차 잠깐 눈을 붙이는 것도 어렵게 되었다. 다양한 신호음 속에서 누구의 휴대전화가 울리는지 혼동이 되는 경우도 많다.

휴대전화의 경량화와 통화 품질, 착신율 제고 등 눈부신 기술의 발전도 좋지만 공공장소에서 무분별한 사용으로 남에게 폐를 끼치는 일은 개선되지 못하고 있다. 휴대전화 예절은 이제 공익광고의 주된 테마로 등장하고 있다. 이제 우리는 휴대전화의 편리함을 만끽하기 이전에 다른 사람을 배려하는 예절의 문제를 생각해보아야 한다.

우선 휴대전화는 병원이나 비행기 안에서는 반드시 꺼두어야 한다. 발생되는 전파로 인해 민감한 의료기기의 작동에 영향을 미쳐 사람의 생명을 위험에 처하게 할 수 있다고 한다. 또 북유럽의 어느 나라에서는 주유소에서의 휴대폰 사용을 금지했는데 전파에서 발생되는 작은 불꽃이 폭발의 요인이 될 수 있다는 우려에서라고 한다. 우리나라에서도 자동차의 급발진 사고의 원인이 휴대폰으로 인한 전자파의 영향이 아닌가 의심하고 있다.

공공장소인 지하철이나 버스, 공연장 등에서 남에게 방해가 되지 않도록 반드시 꺼두거나 진동으로 한다. 남을 배려하는 약간의 수고가 우리를 휴대전화 소음공해로부터 보호할 것이다.

네티켓

    회사 업무의 많은 부분이 이제는 통신 네트워크를 사용하여 이루어지고 있다. 더불어 통신을 사용하는 사람들간의 예절의 필요성도 나타나게 되었고 이를 네티켓(Netiquette)이라 부른다. 일반에티켓을 기본으로 인터넷이라는 통신네트워크의 특성을 감안한 예절이다.

    네티켓은 인터넷 사용자 사이에서 정보교환수단인 통신을 사용하는데 지켜야 하는 예절이다. 인터넷도 결국은 인터넷을 매개로 한 사람들간의 만남이므로 사이버 공간에서도 예절을 갖추는 것이 필요하다.

1. 매일 자신의 이메일을 확인한다.
2. 필요 없는 내용은 삭제하고 중요한 파일은 자신의 파일로 옮겨 저장한다.
3. 메일의 제목을 명료하게 하고, 내용은 분명하고 짧게 쓴다.
4. 전자우편으로 비밀 사항은 보내지 않는다.
5. 자신의 소속과 이메일주소를 보낸다.
6. 자신에게 온 우편을 제3자에게 보내지 않는다.
7. 불필요한 확대문자를 쓰지 않는다.

직업과 여성

직업은 무엇인가

한 개인에게 직업은 무엇인가. 직업은 사회 속에서 개인이 갖는 생존수단이다. 여성에게도 직업은 이제 더 이상 선택이 아니다. 직업이 없는 남자가 좋은 남편감이 되기에는 부족한 만큼, 여성의 경우도 직업이 없다는 것은 여러 가지 점에서 어려움을 갖게 된다는 것을 의미한다. 좋은 직업을 갖고 경제적으로 자립할 수 있는 독립된 개인이 과거 어느 때보다도 매력적으로 보인다.

직업은 자아실현의 도구이기도 하고 사회 안에서 사회와 한 개인의 관계맺음이기도 하다. 그러나 무엇보다도 한 개인의 삶을 위해 필요한 물자를 공급할 수 있는 경제적인 보상을 제공하는 노동이나 일이라고 할 것이다. '직업'은 성인들의 일상적 활동으로서 경제적으로 보상되는 활동이라고 정의할 수 있다.

그러나 여성이 직업인으로서 활동하는데 있어 이전 세대보다 더 나은 사회여건이 조성되었다는 것은 아니다. IMF 외환위기 당시 남성보다도 여성이 더 많은 실직과 고용불안에 노출되었고 정규직의 취업 자체도 어느 때보다 어려운 형편이다. 다만 얘기하고 싶은 것은 직업을 구하는 일 자체가 어렵다고 해서 비켜갈 수 있는 일은 아니라는 확실한 현실인식을 강조하고 싶다. 여성들의 취업이 어려워지자 결혼이라도 먼저 하겠다고 결혼상담소를 찾는 여대생이 늘고 있지만, 남성들도 외모 이전에 직업을 갖고 있는 여성과의 결혼만을 바란다고 하니 그마저 쉽지 않은 형편이다.

현대는 남성이나 여성이나 더욱 투철한 직업의식을 갖추고 취업에 도전해야 하고 선택한 직업은 고생스럽더라도 포기하지 않고 지켜나가는 인내가 요구되는 시기이다. 직업은 나와 가족을 부양하는 생계유지의 수단이다. 여성이기 때문에 가장의 수입에 보태는 정도면 충분하다고 생각하는 한 진정한 직업적 성취를 달성할 수는 없다. 자본주의 사회에서는 직업을 통해 얻을 수 있는 경제적 소득의 많고 적음이 직업적 만족감이나 성공에 절대적 영향을 미치기 때문이다. 직업은 개인의 사회적 지위를 결정하고 동시에 자기 성취와 자아 실현의 기회도 제공하는 것이다.

주부는 여성이 선택하는 직업이 될 수 있는가?

그러면 주부는 여성이 선택하는 직업이 될 수 있는가? 가령 사람들이 일상적인 '일'을 하더라도 경제적으로 보상되지 않을 때는 직업이라고 하지 않는다. 주부가 가사활동을 할 경우 그것이 성인의 일상적이며 가치 있는 일이기는 하지만 직업이라고 할 수 없다.

매년 여성단체에서 주부의 가사노동을 돈으로 환산한 결과를 보면 많은 경우 남편이 벌어오는 월급을 상회하거나 근접하는 경우를 볼 수 있다. 물론 주부의 가사활동이 중요하며 소중하다는 것을 부인하는 사람은 아무도 없다.

그러나 그 가치의 계산이 어떻게 이루어졌든지간에 그 비용이 실제 지불되지 않는 한 그것은 탁상공론일 뿐이다. 자본주의 사회에서는 팔리는 가격이 그 상품의 가치라고 할 수 있다. 가사 노동을 상품으로만 본다면 주부의 가사활동의 가격은 말하기 어렵다.

외국의 연구자들도 여성은 출산, 육아 등의 가족형성기에 주부의 역할을 하기 위해 취업을 중단하거나 직종 이동을 하는 경우가 많아서 높은 직업직위를 갖게 되기가 어렵다고 진단하고 있다. 사실 어느 정도 직업적인 성공을 거두려면 적어도 30세는 되어야 한다고 볼 수 있다. 그럼에도 불구하고 많은 여성들이 깊은 생각없이 직업을 선택하고, 그럭저럭 적당히 남들처럼 직업활동을 하다가 결혼이나 출산 등의 어려움에 봉착하면 쉽게 그만두고 마는 것은 매우 안타까운 일이다. 그때까지 계속해온 노력이 결실을 보려는 바로 그때 손을 놓아버려 모든 노력을 물거품이 되게 하는 경우가 너무나 많다. 노동 시장의 재진입이 어렵고, 여성에게는 더욱 힘든 우리나라의 현실을 볼 때, 여성이 사표를 쓸 때 오히려 남자보다 더욱더 신중히 해야만 한다.

직종간의 이동이나 재취업 등이 용이한 서구의 경우에도 쉬었다 재취업할 때 정규직 신입사원 대우로 다시 출발할 수 있다면 나름대로의 성공이고, 3년 내에 이전 수준의 월급을 받을 수 있다면 대단한 성공이라고 말한다. 우리나라에서 여성의 재취업은 단순계약직 내지는 시간제 취업에서만 이루어지는 것이 흔하다는 점을 염두에 두어야 할 것 같다. 결혼이나 육아 등으로 취업을 중단한 많은 여성들이 이전 직장과 업무에 미련을 갖고 복귀를 원하지만 소수 전문직 여성만이 꿈을 이룰 수 있을 뿐이다.

직업 의식과 직업적 성취

　　직업을 가지고 있는 여성은 합당한 경제적 보상을 받고 있는가? 여성이기 때문에 불이익을 받는 것이 있다고 느낀다면 그 해결책은 어떻게 마련할 것인가. 물론 국가는 법률과 정부정책과 제도로 밑받침이 되어야 할 것이고, 사회 전반의 인식도 변해야 할 것이다. 1999년 7월부터는 '남녀차별금지 및 구제에 관한 법률'이 시행되고 있지만 하루아침에 이제까지의 문제가 해결되리라 기대할 수는 없다. 개인 차원에서의 노력으로 모든 것을 바꿀 수는 없으며, 개인의 직업 의식 부족에 책임을 돌릴 수도 없다. 그러나 하루아침에 바뀔 수 없는 가부장적인 사회의 구조적인 문제가 모두 해결된 좋은 시절이 먼저 오기를 마냥 기다릴 수는 없다. 그래서 여성 자신이 직업의식을 점검하고 개혁해야 한다는 개인적 차원의 노력을 먼저 강조할 수밖에 없게 된다.

　　현실적으로 당장 직업을 구해야 하고, 속한 기업체에서 당장 승진을 해야 하고 경력을 쌓아 성공하려고 하는 여성이라면, 스스로 먼저 노력할 수밖에 없다. 여성이 직업을 갖고 직업을 통해 자아실현과 경제적인 성취를 이루겠다는 강한 의지가 요구된다. 우리나라 여성들의 직업지위가 남성과 동등해지지 못하는 중요한 이유로 여성들 스스로의 직업의식 부족이나 발전 노력의 부족을 꼽고 있다.

　　그러므로 직업생활을 처음 시작하는 시점에서 또는 시작하기 전부터 예상되는 어려움에 대처할 수 있는 준비가 필요할 것이다. 그것은 마음의 준비일 수도 있고, 자신의 직업적 능력을 개발해나가는 계획을 수립하고 실천하는 측면일 수 있을 것이다.

    자신의 직업활동에 대해 바른 태도와 가치관을 갖는 직업의식이 성공하는 직업생활로 이끌어준다. 결혼 이전에 거쳐가는 '통과의례' 처럼 안이하게 생각하여 평생직으로 준비되지 못할 때 저임금과 임시직은 피할 수 없는 것이 된다.

직업윤리의 필요성

직업활동을 계속하는 동안 우리는 국가적으로는 그 사회가 필요로 하는 자원을 생산하는 경제 활동에 참여하게 된다. 따라서 자신의 직업활동을 사회적인 책임감과 사명감을 가지고 성실하게 수행해야 할 의무를 지니고 있다. 그러므로 직업인들에게는 직업활동과 관련된 사회적 상호작용에서 지켜야 할 자발적이고도 도덕적 행위 규범인 직업윤리가 필요하게 된다.

그러면 왜 직업윤리의 중요성이 부각되고 있는가. 고도의 정보산업사회에서 조직의 고도화와 노동에서의 소외현상은 직업인으로서 직업활동을 통해 삶의 보람과 인간으로서의 주체성을 느끼게 하는 노력을 필요로 하게 되었다. '어떻게 살 것인가' 하는 삶의 지도원리로서 직업윤리가 이 문제의 해법이 될 수 있을 것이다.

또한 사회가 분화될수록 직업은 더욱 세분화되고, 서로 다른 직업적 역할을 분담함으로써 전체적인 조화가 필요하게 되었다. 분담된 업무를 수행하면서 조화된 협력을 이끌어내는 행위의 규범으로도 직업윤리는 필요하다.

그리고 현대의 전문화된 업종은 외부의 감독자가 제대로 시행되고 있는지 파악하는 것이 사실상 불가능하기에 원칙이 있는 개개인의 양심이라고 할 당사자의 직업윤리에 맡겨둘 수밖에 없게 되었다. 이 점에서 직업윤리와 인성, 도덕에 대한 관심과 연구가 많아지고 있다고 생각된다.

최근에는 선진국에서 사람의 능력을 평가하는데 IQ(지능지수)만의 한계를 보완하는 개념으로 EQ(감성지수)뿐만 아니라 MQ(도덕지수)까지도 따져보려는 경향이 늘고 있다. 인본주의적 가치를 동반하지 않는 지식은 세상을 각박하게 만들 뿐 세상에 기여할 수 없다는 것을 인식하고 있기 때문이다. 따라서 학교에서도 지식과 기술 교육이전에 철저한 인성교육과 윤리교육으로 돌아가야 한다는 움직임이 나타나고 있다. 철저한 직업윤리로 무장된 사람만이 자신의 직업활동을 통해서 사회에 기여할 수 있을 것이다.

바람직한 직업윤리

바람직한 직업윤리는 무엇인가? 일단 직업에 관한 사고가 긍정적이어야 할 것이다. 직업을 통해서 사회의 발전에 기여하고 살아가는 보람을 찾을 수 있다면 그것이 바람직한 직업윤리의 내용이 될 수 있을 것이다. 하지만 직업을 생계수단으로만 생각한다면, 경제적 소득에 의해서만 직업의 가치가 결정될 것이고, 하루하루가 고달플 것이다. 그리고 이러한 이기주의적 직업관으로는 커다란 경제적 소득을 얻기도 힘들 것이다.

현재의 사회분위기가 IMF 외환위기 이후 어떻게 안정적인 경제적 소득을 얻느냐를 중요시하고 있지만, 한편에서는 경제적 소득과는 무관하게 직업 자체가 개인의 정신과 건강에 얼마나 많은 영향을 주는지에 대해서도 새로운 깨달음을 주었다고 하겠다.

직업을 경제적 가치에만 치중하여 본다면 생산성이 낮아지고 소극적인 직업활동에 머무르게 될 것이다. 그러나 직업활동을 통해 나라와 사회에 기여하며 자신의 경제적 삶을 윤택하게 한다고 생각하면, 소명의식을 갖고 적극적으로 충실하게 직업활동을 하게 될 것이다. 그러면 본인도 일의 성취감과 삶의 보람을 동시에 충족할 수 있으며 에너지 넘치는 삶을 살 수 있을 것이다.

그러면 바람직한 직업윤리는 어떠한 특징을 갖는가. 우선 직업활동을 수행하면서 장인정신, 프로의식으로 정의되는 철저한 직업적인 사명감으로 보여질 것이다. 또 분업화된 임무를 맡고 있는 사람으로서 사람과 사람간의 참여와 협동 그리고 팀워크의 정신으로 나타날 것이다. 경영주의 직업윤리는 양심적인 경영이라는 상도덕으로 나타날 것이고, 직원의 수준에서는 고객에 대한 서비스 정신의 무장으로 표출될 것이다. 그리하여 직업을 대하는 바람직한 태도라 할 직업윤리는 한 개인에게 정직성과 성실성, 창의성 그리고 자발적이고 적극적인 근면성으로 나타날 것이다.

직업선택의 기준

　　인간은 누구나 자기가 갖고 싶은 직업을 마음대로 선택하여 생계유지와 자아실현 그리고 사회의 발전에 기여한다. 그러나 어떤 직업을 선택하느냐에 따라서 미래의 행복과 불행이 좌우되기도 한다. 직업에 귀천이 없다고는 하지만 직업에 의해서 사회 속에서의 위치와 역할이 제한을 받는 것도 사실이다. 어떻게 무엇을 하고 살아갈 것인가 하는 직업선택의 문제는 매우 중요하고도 어려운 문제다. 수많은 직업 중에서 자신의 적성에 맞고 또 계속적인 발전가능성이 있는 직업을 어떻게 고를 것인가.

　　우선 직업의 선택에 앞서서 자신의 적성과 신체적 조건, 능력, 흥미, 가정환경 등을 고려하여야 한다. 개인이 가지고 있는 적성이 직업이 요구하는 특성과 잘 일치될 때 그 직업을 통한 발전가능성도 높아지므로 자신의 적성을 잘 아는 것도 필요하다. 그러나 많은 사람들이 자신의 적성이나 소질을 파악하기 전에 또 자신이 진정으로 원하는 직업에 대한 준비된 생각이 없이 결정해버리는 것 같다.

　　먼저 자신을 돌아보자. 직업선택의 자유가 모든 직업을 원하기만 하면 잘 할 수 있다는 것을 의미하는 것은 아니다. 노래를 못하면서 가수가 되겠다고 한다면, 달리기를 못하면서 육상선수를 직업으로 택한다면 과연 생계를 이어갈 소득을 얻을 수 있을까. 각 개인의 특성과 장점을 활용할 수 있는 직업을 선택하는 것이 자아실현과 사회에 기여하는 방법일 것이다.

✿ 적성

적성은 직업선택에서 가장 중요하게 고려되어야 할 요소로 어떤 특정분야에서 개인이 성공할 수 있는 잠재적인 능력이나 소질이라고 할 수 있다. 선천적으로 주어질 수도 있고, 환경과 교육과정에서 형성될 수도 있다. 일반적으로 청소년기까지 일단 형성되고 난 후에는 비교적 변동이 적은 요인에 속한다. 그러나 적성검사에서 어떤 특정 직업에 적성이 있다는 뜻은 교육이나 훈련을 통해 그 직무를 수행할 수 있으며, 하고자 하는 의욕을 갖게 될 것이라는 추정이다. 구체적인 직업의 선택에는 부족한 점이 많다.

✿ 흥미와 지향성

여러 가지 일 중에서 특정분야의 일에 관심을 두고 선호할 때 흥미를 둔다고 할 수 있다. 아기 돌보기를 힘들어하고 싫어하는 사람이 취업을 위해서 유아교육과를 선택하는 것은 바람직하다고 할 수 없다. 어떤 일에 대해 개인이 느끼는 흥미는 직업을 준비하고 직업을 계속 발전시켜나가는데 필요한 요인이다.

✿ 성격과 융화력

직업에서 대부분의 일은 개인의 재능만으로 수행되는 것이 아니라 협업을 통하여 이루어진다. 따라서 개인의 성격도 직업의 선택에서 중요한 요소가 된다. 타인과 어울릴 수 있는 융화력이 있는가의 여부도 직종의 선택을 좌우하는 요인이 된다.

❁ 지적능력

　어떤 업무를 수행하는데 필요한 충분한 지적능력을 갖추고 있느냐의 문제도 매우 중요하다. 판사나 변호사 또는 의사 등에는 높은 지적능력이 필요할 것이다. 그러나 모든 직종이 높은 지능을 요구하는 것은 아니다. 자신의 지적능력에 적합한 직업에서 발전과 만족을 얻을 수 있다.

❁ 학력

　직업을 선택하는 데 있어 중요한 척도인 학력은 개인의 지적 성장과정을 보여주는 것이다. 그러나 어느 대학을 졸업했느냐는 문제보다는 자기 나름으로 어떤 전문지식과 능력을 갖추었느냐가 중요하게 생각되고 있다. 전공을 살려서 직업을 선택할 수 있도록 이론과 실무를 겸비하여야 할 것이다.

❁ 신체적인 조건과 건강

　직업에 맞는 필요한 신체적 여건과 건강을 갖추었느냐의 문제다. 스티븐 호킹박사처럼 휠체어 위에서 심각한 신체장애를 가지고도 빛나는 학문적 업적을 쌓는 사람도 있듯이 반드시 건강한 신체를 갖추어야 하는 것은 아니다. 하지만 스티븐 호킹 박사와 같은 사람이 신체적 움직임이 많은 트럭운전사나 외과의사가 되고자 한다면 그것은 잘못된 선택일 것이다.

직업의 탐색

자신의 직업적 소양이라고 할 적성과 흥미, 성격, 지능, 학력, 신체적 조건 등을 먼저 파악한 후에는 충분한 직업에 대한 정보를 갖는 것이 매우 중요하다. 정보에서 앞서가는 사람이 직업의 선택에서도 한발 앞서 갈 수 있다. 또 대부분의 여학생들이 취업을 혼자서 고민하고 해결하려는 태도를 보이는데 혼자만의 정보력으로는 부족하므로 취업스터디 등을 같이 해보는 것도 매우 중요한 것 같다. 또한 졸업 후에도 서로서로 도움을 주고받으며 직업경력을 발전시켜 나가는 것이 바람직하다.

눈앞에 누가 취업이 되고 안 되는 것만을 가지고 근시안적으로 속 좁게 행동하는 것은 반성하여야 한다. 직업을 탐색하고 직장을 구하는 일은 평생을 두고 계속될 일이며, 같은 과 친구는 평생을 같이 할 동반자이기도 하다는 점을 잊지 말자.

먼저 어떤 직업이 존재하는지를 살펴보자. 많은 직업이 없어지고 또 더 많은 직업이 생겨나고 있다. 유망직종과 유행직종을 구분하는 변별력을 갖는 것도 필요하다. 또 내가 원하는 직업이 구체적으로 어떤 능력을 요구하고, 어떤 발전가능성이 있는지를 파악하는 것도 매우 중요하다. 원하는 직업의 채용시기, 연령제한, 전공학과 제한 등의 응시자격 등에 대해서 조사를 해두어야 한다. 능력이 뛰어나도 정보에 어두우면 능력을 활용할 기회를 갖지 못하게 된다는 점을 명심하자.

직업경력의 발전

직업을 통해서 돈, 지위, 안정, 환경, 성장, 변혁, 창조, 사교 등의 여러 가지 욕구를 만족시키게 된다. 당신의 직업이 이 모든 욕구를 충족시키지 못하더라도, 당신이 가장 중요시하는 욕구가 만족이 된다면 원하는 직업을 찾았다고 할 수 있을 것이다. 20대는 적성을 계발하는 시기로 자신이 하고자 하는 일을 끊임없이 탐색하는 시기이다. 대부분의 사람들이 평생에 세번은 직업을 바꾼다고 얘기된다. 앞으로는 세번 이상이 될 것이다.

평생 한 우물을 파는 것이 미덕이던 시대는 지났다. 어떤 직장도 당신의 노후까지 보장하고 싶어하지 않는다. 고용주와 고용인 모두가 가족의 개념에서 벗어나 필요한 노동력을 팔고 사는 시대로 바뀐 것이다. 그러므로 팔 만한 가치 있는 노동력을 지녀야 하고, 끊임없는 투자로 노동력의 부가가치를 높여 나가야 할 것이다.

그러므로 한 직장 안에서도 자신의 경력을 만들어 가는 일을 소홀히해서는 곤란하다. 특히 여성에게는 회사 차원에서 경력을 개발해 갈 수 있도록 충분한 프로그램을 제공받지 못하고 있다는 점을 유의해야 할 것이다. 대부분의 회사가 여성을 중견 사원으로 키우려는 프로그램 자체를 갖고 있지 못할 뿐 아니라 중요한 역할모델을 찾기도 힘든 상황이므로, 스스로 독창성과 업무장악력을 가지고 승진의 발판을 만들어 가야 할 것이다. 같은 직장에 머무르더라도 자신의 위치를 계속 향상시켜 갈 수 있도록 자신에게 투자하는 노력이 필요하다.

　자신의 직업과 직장에 대해 만족하고 열심히 몰두할 수 있다면 매우 행복한 사람이라고 할 것이다. 그러나 직업에 대해 불만을 갖는다는 것을 무조건 부정적으로 생각할 필요는 없다. 불만은 자신의 일에 대해서 야망과 열정을 가지고 있다는 의미가 될 수 있다. 그러므로 우연히 자리가 생겨 취직하고는 취직되지 못한 친구들을 보며 "그래도 난 운이 좋은 편이야"하면서 불만없이 안주하는 것보다는 오히려 다행이라고 생각하자.

전직을 고려할 때

일은 편하지만 자신의 가치를 느낄 수 없거나, 업무에 비해 보수가 지나치게 적어서 의욕을 잃거나 할 때. 본인도 다른 직업을 갖고 싶다는 생각을 하며 다른 사람들도 이에 동의할 때. 업무의 30% 이상이 정말 하기 싫은 업무이며, 월요일에 출근하기가 괴롭고 일이 손에 잡히지 않을 때. 몸이 자주 아프고 재충전이 되지 않을 때. 이러한 때에는 심각하게 전직을 고려해야 할 필요가 있다고 한다.

그러나 직장을 바꾼다는 것은 큰 변화며, 충격이다. 직업을 옮기는 과정에서 봉급이 줄어들 수도 있고, 새 직장에서 경쟁이나 인간관계 등의 새로운 어려움을 겪게 될 수도 있다. 특히 여성의 전직은 생각보다 어려우므로 사표를 내기 전에 옮길 직장을 구해두도록 하자. 그러나 새로운 일을 시도할 때마다 인생의 중요한 무엇인가를 얻게 된다는 점을 명심하고 담대해지자.

전직을 고려하고 있다면 다음의 다섯 가지 요인을 검토해 보자.

1. 우선 현재의 직장이나 직업이 정말 싫은지 확실히 파악한다. 직업은 마음에 드는데 상사나 회사가 마음에 들지 않으면 회사를 바꾸면 된다.
2. 자신의 흥미나 취미를 찾아 즐겁게 할 수 있는 일을 찾아본다. 남의 시선을 의식하지 말고 진정으로 흥미를 가질 수 있는 새로운 일을 찾아본다. 발상의 전환이 필요하다.

3. 주위사람의 조언과 적절한 도움을 찾는다. 자신의 장단점을 객관적으로 얘기해 줄 사람을 찾아 조언을 듣고, 헤드헌터나 전문인력센터의 도움을 받는다. 취업관련 설명회, 책자 등 많은 정보를 수집한다. 무엇보다도 당신이 하고 싶어하는 업무에 종사하는 사람들을 직접 만나 허심탄회한 얘기를 들어보는 것이 중요하다.

4. 넓은 안목으로 성장잠재력이 있는 분야를 택한다. 유행업종과 유망업종을 구별해낸다. 철저한 자기 시각과 판단에 의한 시장분석이 필요하다.

5. 어떤 가능성이라도 충분히 고려해본다. 다른 가능성이 없어 이 일에 꼼짝없이 묶여 있다는 생각은 금물이다. 세상은 넓고 상상하지 못할 만큼의 다양한 일이 존재한다. 안 되는 이유가 아니라 될 수 있는 이유를 찾아낸다.

Image
Making

이미지는 무엇인가

최근에는 기업에서 개별 상품이 아닌 기업의 이미지 광고에 많은 돈을 쓰고 있다. 소비자도 상품을 구매하면서 상품보다 이미지를 구매한다고 하는데 바람직하지는 않지만 비싼 '명품' 을 사는 행위가 여기에 해당된다. 정치인이나 연예인이 아닌 평범한 개인도 이미지 관리가 필요하다고 생각하게 되었다.

그러면 이미지는 무엇인가. 어떤 사람을 떠올리면 그 사람의 얼굴, 표정, 목소리, 옷차림, 걸음걸이, 자세, 성격, 실력 등의 여러 가지가 그 사람에 대한 특유한 감정, 고유한 느낌이라고 할 이미지를 구성한다. 때로는 사람의 이름은 잊어도 그 사람의 이미지만은 기억 속에서 선명할 수 있다.

또 어떤 사람을 개성이 있다고 할 때는 그의 이미지가 선명하다는 뜻이다. 두드러진 개성이 자주 나쁘게 얘기되기도 하지만 개성이 없어서 떠오르는 이미지가 없는 사람은 아예 주목의 대상이 되지 못한다. TV에 나온 차인표가 섹서폰을 불지 못하고 오토바이도 탈줄 모른다고 고백하니까, 한 게스트가 '무늬만 차인표 아니예요' 했다. 이렇듯 연예인에게는 실제보다도 TV 화면에서 어필할 수 있는 가상의 것이라고는 해도 강한 이미지가 있어야만 기억될 수 있고, 성공할 수 있다. 연예인이 아닌 나에게도 이미지 관리가 필요하다. 현실 속의 실재인 나를 돌아보고 내 이미지를 부각시키려는 노력은 똑같이 필요하다.

첫 인상

먼저 초면의 사람이 있어 어떤 느낌을 받기 시작해서 처음 몇 분 동안 그 사람에 대한 이미지가 고정되는 것을 첫 인상이라고 한다. 7초 이내에 상대에 대한 첫인상, 이미지가 결정된다고 주장하는 학자들도 있다. 설사 아무 말이 없더라도 눈으로, 얼굴로, 태도로 커뮤니케이션이 이루어진다. 그래서 사람들은 떨리는 마음으로 첫 만남, 첫 출근을 준비하고 또 오랫동안 기억하기도 한다.

물론 사람에 따라 긍정적인 자기 이미지를 상대에게 주기 위해서 필요한 시간의 길이는 다를 수 있다. 그러나 언제나 내가 필요로 하는 충분한 시간이 주어지는 것은 아니다. 첫 인상은 짧은 시간 제한 속에서 결정되고, 결정된 후에는 구속성을 가지며 뒤집기 어려운 것이다.

우리는 어떤 사람의 첫 인상을 두고 많은 얘기를 하게 된다. 첫째는 첫 인상은 별로 좋지 않았는데 오래 사귀어 보니 좋은 사람이다. 둘째는 첫 인상이 나쁘더니 결국 그렇게 될 줄 알았다 등등의 상반된 얘기들이다. 그러면 어떤 말이 맞는가.

두 경우 모두 내 첫 인상이 평가당하는 입장에서 생각해보자. 첫째의 경우는 다행히도 나쁜 첫 인상으로 인한 선입견을 뒤집고 좋은 평가를 받게 된 경우다. 그렇다면 모든 것이 잘 해결된 것일까. 그렇지 않다고 생각된다. 먼저 인상이 나빠서 처음에는 경계의 대상이 되었고 충분히 서로 알 기회가 주어지지 않았다면 자신에 대한 평가를 바꿀 수 없었을 것이다. 또 언제나 두 번째의 얘기를 듣게 될 가능성은 남아 있다. 첫 인상이 나쁘다면 결정적인 면접이나 맞선 등 속성상 짧은 순간에 지나가는 중요한 기회들을 자주 놓치게 될 것이다. 또 많은 사람들이 자신의 선입견을 바꾸는데 지극히 인색한 것을 생각하면, 첫 인상으로 인생의 승부는 갈리기 시작한다고도 할 수 있다.

두 번째의 경우 첫 인상이 나쁘더니 결국 그렇더라는 얘기도 많이 듣게 되는 얘기다. 이 경우는 평가를 당하는 내 입장이라고 생각해보면 얼마나 억울한지 짐작할 수 있다. 처음부터 믿어주지도 않고 기대해주지도 않으며, 때로는 충분한 지원도 없이 좋지 않은 상황에 처한 것이 전적으로 나 때문이라고 한다면 얼마나 황당할 것인가. 이러한 평가가 나와 무관하게 이루어지고 끝나버리므로 나는 변명할 기회조차도 갖지 못한다는 점이 나를 더 황당하게 할 것이다.

이미지 관리의 시작

　나는 첫 인상이 좋게 시작되는 이미지를 갖고 있는가. 어떻게 어떤 방법으로 호감을 주는 좋은 이미지를 내 것으로 할 수 있을까. 어떤 것이 좋은 이미지라고 할 수 있는가.

　이미지는 어떤 객관적인 척도에 의해 측정되는 것이 아니라 개개인의 지극히 주관적인 느낌에 좌우되는 것이고, 과학적으로 수치로 입증될 수는 없지만 인생의 중요한 일들을 좌우한다. 그러면 이러한 일들이 합리적이며 옳은 일이라 할 수 있는가. 물론 아니다. 그러나 이렇게 무자비하게 이루어지는 이미지 전쟁에서 나 자신의 이미지와 첫 인상을 남들의 평가에 맡겨두기보다, 즉 방치하기보다 내가 개입해서 관리해 가는 것이 현명하지 않을까.

　보이는 것에 신경을 쓰는 것이 남들에게 좋은 이미지를 구걸하고 아부하는 비굴한 느낌으로 받아들여지거나, 겉만 번드레하고 실속이 없는 포장뿐이라는 '거품'으로 생각하고 있었다면 자신의 선입견을 좀더 냉정하게 많이 생각해 보아야만 한다. 결론적으로 말하자면 당신이 거부해도, 피하고 싶어도 당신에 대한 평가는 당신의 이미지를 통해서 계속해서 이루어지고 있다는 것이 엄연한 현실이다.

　사실 우리는 남들의 시선과 평가에서 자유로운 독립된 존재로서 살아가기를 원하면서도, 동시에 주변의 사람들을 의식하고 본능적으로 잘 보이고 싶다는 생각에서 자유롭지 못하다. 여기서부터 자신의 이미지를 자기가 관리하고 싶다는 욕구가 생겨난다. 이미지가 당신의 본질 자체를 그대로 보여주는 것은 아니다. 그렇지만 당신의 동의 없이 남들이 제멋대로 취합하는 당신의 이미지가 불만족스럽다면 당신이 선택한, 자신의 관리된 이미지를 보여주는 것은 어떠한가.

상품의 이미지와 나

슈퍼에 꽁치통조림을 사러갔다. 어떤 통조림 깡통이 있다. 믿을만한 회사의 제품이고 세련된 포장에 일그러짐이 없는, 내가 원하는 꽁치통조림이었다면 매겨진 가격대로 돈을 지불하고 사올 것이다. 하지만 알지 못하는 회사의 조악한 포장의 제품이거나, 깡통이 찌그러져 있다면 제값을 지불하기가 아까울 것이다. 선택할 수 있다면 다른 제품을 사거나, 깎아서 반값에 사거나, 싼 맛에 사거나, 할 수 없이 제값을 지불할 경우에는 찜찜한 마음으로 손해보았다는 생각을 떨치기가 어려울 것이다. 때로는 메뉴자체를 바꿔서 먹지 않기로 결정할 수도 있다.

때때로 나 자신을 꽁치통조림이라고 생각해보자. 나도 내용물만 좋아서는 잘 팔리지 않는다는 것을 당연하게 알고 있다. 통조림 하나를 사더라도 따져보는 것이 이렇게 많은데, 왜 자신에게는 같은 냉정한 시각으로 돌아보지 않는가. 게다가 나는 천원 하는 통조림이 아니라 적어도 승용차 한 대 값의 연봉을 받고자 하는 여성이라는 것을 생각해보자. 고가의 가구나 자동차를 살 때 우리는 당연한 권리로 포장과 디자인뿐 아니라 성능, 신뢰도, 내구성 등등 요모조모를 뜯어보고 심사숙고 끝에 결정을 하지 않는가.

먼저 이미지 관리에 대해 긍정적인 인식을 갖자. 평가를 당한다는 불쾌한 피해의식에서 벗어나자. 그리고 나 자신에게서 한 발짝 떨어져서 제 3자나 어떤 상품으로 생각해보자. 자신의 이미지를 상품화해보는 것은 남들의 평가에 오르기 전에 스스로 자신의 모든 면을 냉정하게 점검하는 필요한 과정이다. 준비된 사람과 미처 준비를 생각지도 못한 사람 중 누가 더 좋은 평가를 받을 수 있을까. 준비된 사람만이 성공을 거머쥘 수 있다.

이미지의 구속성

이미지 관리를 얼굴과 외모, 옷차림, 표정에만 적용한다면 그것은 상품의 포장과 다르지 않아 보인다. 그러나 사람의 얼굴이나 옷차림 표정 등은 그 사람의 내면세계와 철학, 인격 등을 드러내 내보이는 것이기도 하다.

보이는 것만으로 사람을 판단하는 것은 합당한 일인가. 물론 아니다. 그러나 가슴에 손을 대고 생각해보면 사신부터 공정하기가 어렵다는 사실을 알게 된다. '이왕이면 다홍치마', '보기 좋은 떡이 먹기도 좋다' 라는 속담도 있다. 나 자신이야 외모민으로 사람을 판단하지 않도록 주의한다지만, 다른 사람들도 나를 볼 때 그렇게 사려깊게 봐 줄 것인가를 생각해보자.

미뤄두었던 운전면허시험의 마지막 단계인 응용학과 시험을 신청하러 서울 강남면허시험장에 갔다. 담당 여직원의 말이 집 가까운 곳에서 시험을 보라는 것이었다. 가면허기간이 끝나는 1월 23일에 시험날짜를 정해 줄 수는 있지만, 떨어질 수도 있으니 두 번 볼 수 있도록 다른 곳으로 가라는 것이었다. 어떤 아줌마도 200명 중 2명쯤 떨어지는 OX시험에 떨어져서 처음부터 다시 하게 되었다는 것이다. 직업이 선생이요, 시험문제 내고 채점하는 게 일인 내게 더 이상 쉬울 수 없다는 그 시험에서 떨어질까 진심으로 걱정해 주니 화를 낼 수도 없었다.

분명히 OX시험에 떨어지는 아줌마가 있었다면 아저씨도 있었을 텐데. 또 교육받은 아줌마가 얼마나 많은데 아줌마는 모두 OX문제도 못 푼다고 생각하는지. 그러면서 나를 돌아보니 서울에서 가장 높은 빌딩들이 서있는 이 곳에 가꾸지 않고 무방비 상태로 나와 있는 여자는 나뿐인 듯했다. 방학이라 어린이집에 아이 둘을 맡기고, 맡아주지 않는 여름 포대기는 한 손에 들고 화장기 없이 부스스한 머리가 이런 대접을 받게 했다는 생각이 들었다. 사실 나도 '아는 사람을 만나면 곤란한데…' 하는 생각은 하고 있었으니 말이다.

또 한번의 기회를 가질 수 없는 마지막 시험이라는 점과 그 여직원의 친절한 걱정 때문에 내심 스스로도 적지 않은 부담이 되었던 것을 고백한다면, 남이 나를 보는 시선이 나 자신에게 미치는 심리적 영향도 결코 적지 않다는 것을 경험했다. 이렇게 이미지는 남들이 나를 어떻게 보느냐에 따라 나의 일과 나의 행동에도 영향을 미친다. 성공적인 비즈니스를 원한다면 성공을 원하는 곳에서 준비된 신뢰감을 주는 모습을 갖추어야 하는 것은 너무나 당연한 일이다.

이미지를 구성하는 것

자신에 대한 이미지는 우리가 자신에게 기대하는 것과 다른 사람이 우리에게 기대하는 것으로 구성되어 있다. 이미지 메이킹(김은영 1991, 김영사)이라는 책에서는 자신의 이미지를 여섯 가지로 세분하면서, 이들 이미지간의 상호작용에서 자유로울 수 없다고 얘기한다.

1. 내가 나 자신에 대해 갖고 있는 이미지
2. 내가 다른 사람에 대해 갖고 있는 이미지
3. 다른 사람이 그 자신에 대해 갖고 있는 이미지
4. 다른 사람이 나에 대해 갖고 있는 이미지
5. 내가 생각하기에 다른 사람이 내게 갖고 있는 이미지
6. 다른 사람이 내가 그에 대해 갖고 있다고 생각하는 이미지

즉 이미지라는 것도 인간 상호관계에서 서로의 이미지와 상대의 이미지가 미묘하게 얽혀서 나타나게 되는 것임을 알 수 있다. 그러므로 여섯 가지 측면에서 자신의 이미지를 종이에 기술해보고 분석해보자. 자신의 이미지를 높이려면 상대가 나를 어떻게 보는지에도 신경을 써야 하지만, 그 이전에 나 스스로 나 자신에 대해 갖고 있는 이미지를 좋게 하는 일도 중요하다고 생각된다.

최근 동아일보에 여대생으로 하여금 옷차림에 변화를 주고 남자대학생들에게 어떤 물건의 전달을 부탁하게 하는 실험에 대한 기사가 있었다. 단정하고 깔끔한 차림인 여학생의 부탁은 대부분이 기꺼이 들어주었는데, 지저분하고 남루한 여학생의 경우는 대면하기조차 꺼렸다는 사례조사가 있었다. 바람직한 일은 아니지만 차림새에 따라 사람을 차별하지 않는 경우는 거의 없다. 우선 사람 자체가 호감을 주어야 물건을 수위실까지 전달해주는 비즈니스가 성취되는 것이다. 부탁을 들어주는 행위에는 부탁하는 사람에 대한 평가가 선행되어 있다. 부탁하는 사람의 외모, 눈빛, 음성, 어조, 이를 뒷받침하는 옷차림 등이 평가의 근거가 되었을 것이다.

이미지 분석 기초작업

우선 내가 나 자신에 대해 갖고 있는 이미지에 대해 생각해보자. 나 자신이 갖고 있는 것들에 대해서 만족하고 있는가. 자신의 능력이나 외모에 대해 얼마만큼 기대하고 신뢰하고 있는지 생각해보자.

당신은 당신의 신체나 외모에 내해 어떻게 생각하고 있는가. 일반적으로 남자들보다 여자들이 부정적인 신체적 이미지를 가지고 있다고 한다. 그것은 여자는 예뻐야 한다는 사회적 기대에 의해서 더 강하게 지배당하고 있기 때문일 것이다. 남자들이 남자다울 것을 강요당하듯이.

평소 남자들이 여성의 외모에 지나치게 관심이 많다고 생각하던 차에 농담으로 "남자의 이름을 잘 기억 못하지만 이병헌처럼 잘 생긴 경우에는 예외다"라고 했더니, 자신이 이병헌보다도 못하다는 얘기냐고 진짜로 반문하는 사람이 있어 당황했다. 나는 내 미모가 황신혜보다 못하다는 것을 인정하는데 그 사람은 이병헌보다 자신이 잘 생겼다고 생각하나? 나는 여자고 그 사람은 남자인데…. 어쩌면 그것이 자신의 외모를 평가하는 남녀의 차이일지 모른다는 생각이 들었다.

자신의 외모와 신체의 기준을 어디에 두고 있는지, 그 기준이 과연 합당한지 냉정하게 따져보자. 슈퍼모델이나 미스코리아처럼 신체와 외모만으로 평가되는 특별한 경우와 비교하고 또 열등감까지 갖는다면, 그것은 외모 이전에 정신적인 자부심의 부족으로 더 심각한 일이라고 생각된다. 지극히 정상적인 학생들이 하나같이 살을 **빼야한다**는 강박관념을 가지고 소모적인 다이어트를 하고 있다는 것은 유감스럽다.

진정한 문제는 외모가 내세울만하지 못하다고 해서 전혀 가꾸지도 않고 야생의 상태로 버려 두는 것이다. 자신의 이미지가 외모나 신체만으로 결정되는 것이 아님을 명심하면서 자신의 모습을 관리해 나가자. 헤어스타일이나 복장, 화장 등을 공부하듯 배우고 익혀서 이미지 향상을 위해 실질적인 노력을 기울이자. 있는 그대로의 자신을 받아들여 자신을 관리하고 사랑하기 시작하면 이미지 관리의 반은 성공하게 된다. 내가 자신의 모습에서 아름다움을 찾아낸 후에야 다른 사람도 그 아름다움을 볼 수 있게 될 것이다.

Albert Ellis의 '비합리적 사고 열 가지'

　　자신을 너무 완벽주의로 몰지도 말고, 패배주의에도 빠지지 말자. 자신을 격려하고 믿어주는 여유 있는 마음을 갖자. 그리고 보통사람이 빠지기 쉬운 비합리적 사고에서 벗어나려는 노력을 해보자. 다음은 Albert Ellis의 '비합리적 사고 열가지'이다(김중술, 사랑의 의미, 1989, 서울대출판부간). 당연한 것으로 들리는 다음의 열 가지 얘기가 얼마나 터무니없으며 근거가 없는 이야기인지. '모든', '반드시', '전혀', '…하지 않으면' 등에 주의해서 읽어보자. 내 무의식 속에서 나를 지배하고 있는 생각들은 아닌지 늘 경계하자. 다음의 열 가지는 맞는 말인 듯하지만 사실은 전부 틀린 말들이다.

1. 나는 내가 하는 모든 일에 대하여 모든 사람들로부터 반드시 사랑받고 인정받지 않으면 안된다
2. 내가 하는 모든 일에 있어서 반드시 아주 유능하고, 적절하며, 성공적이지 않으면 안된다
3. 사람들 중에는 악질적이고 부도덕하며 사악한 사람들이 있고, 그들은 그 죄값으로 심한 비난이나 처벌을 받아 마땅하다
4. 세상 일들이 내 마음에 들지 않는다고 해서 매우 한심스럽고 불쾌하게 생각하며 잘못되어 간다고 본다
5. 인간의 불행(고통)은 외부적인 여건에 의하여 연유되며, 나에게는 그

것을 막을 힘이 전혀 없다

6. 어떤 일이 매우 위험하다거나 무서울 때 그것만 골똘히 생각하고 걱정해야만 한다

7. 인생의 여러 어려움이나 책임들은 가급적 회피하여 도망치는 것이 상책이다.

8. 과거가 가장 중요하며, 어떤 일이 과거에 자신의 인생에 큰 영향을 주었으니 앞으로도 계속 그럴 것이다

9. 사람에게는 자기의 감정을 통제할 수 있는 효과적인 방법이 없으며, 그렇게 느끼는 것은 어쩔 수 없다

10. 다른 사람들이 어떻게 하고 있는가 하는 것이 나의 존재나 행복에 결정적으로 중요하며, 따라서 나는 다른 사람들을 내가 원하는 방향으로 고쳐 놓도록 노력해야 한다

율곡 이이의 아홉 가지 생각

비합리적 사고의 함정에서 벗어났다면 생각의 방향을 율곡 이이의 격몽요결(擊蒙要訣, 1578)에 나오는 구사(九思)를 실천해 보자. 긍정적이고 바른 사고만이 당신의 인생을 성공적으로 만들어 갈 수 있다. 많이 얘기되고 있는 플러스 사고가 이율곡 선생의 아홉 가지 생각에서 구체적으로 잘 나타나 있다. 아름다운 것을 보고자 하는 눈에 아름다움이 보인다. 동지섣달 꽃 본 듯이 보고자하는 마음이 먼저 있어야 사랑하는 연인도 아름답게 보이는 것이다.

視思明 눈으로 볼 때는 밝고 바르고 옳게 보아야겠다고 생각한다.

聽思聰 귀로 들을 때는 그 소리의 참뜻을 밝게 들어야겠다고 생각한다.

色思溫 표정을 지을 때는 온화하게 가져야겠다고 생각한다.

貌思恭 몸가짐이나 옷차림 등을 공손하게 해야겠다고 생각한다.

言思忠 말할 때는 참되고 거짓 없게 해야겠다고 생각한다.

事思敬 어른을 섬길 때는 공경스럽게 할 것을 생각한다.

疑思問 의심나고 모르는 것은 물어서 완전히 알아야겠다고 생각한다

忿思難 분하고 화나는 일이 있으면 어려움에 이르지 않을까 생각한다.

見得思義 자기에게 이로운 것을 보면 그것이 정당한 일인가 생각한다.

좋은 신체 이미지

신체 이미지라면 키나 몸무게 등 자나 저울에 나타나는 것을 먼저 연상하게 될 것이다. 물론 키나 몸무게도 신체 이미지를 좌우하지만 그것만으로 결정되는 것이 아니다. 한 후배가 자기는 키가 작고 뚱뚱해서 불만이라고 얘기하였다. 듣고 보니 좀 통통한 편이라는 생각이 들었다. 사실 자신의 입으로 자신의 다리가 짧다든지, 얼굴이 크다든지 하는 것을 구체적으로 얘기하기 전에는 그런 사실은 다른 사람의 관심사항이 아니다.

하지만 그 후배는 우수한 능력을 가졌으며, 그래서 매력적이라는 내 생각에는 변화가 없었다. 그때 한 남자가 자신은 비만 여부를 둔하다는 느낌을 주는지 아닌지에 따라 판단한다며 후배에게 절대 걱정할 필요 없다고 얘기해 주는 것이었다. 듣고 보니 공감할 수 있지 않은가.

하나님은 누구에게나 필요한 만큼의 충분한 아름다움을 주셨다고 생각된다. 특별한 미모로 태어나 연예인이 되는 사람도 있겠지만, 보통 사람에게는 얼굴의 비율이나 코의 높이 등이 큰 문제가 될 수는 없다고 생각된다. 성형외과 의사들도 과도한 성형수술을 원하는 것은 먼저 정신과의 소관이라고 말하고 있다. 유행에 맞춰 성형된 얼굴은 유행이 지나간 후에는 초라할 뿐이다. 다만 외모에 대해 관심갖기를 거부하면서 노력해 보지도 않고 생긴 대로 살다 죽겠다는 식의 태도는 또 하나의 콤플렉스를 드러내는 것이라고 생각된다. 아름다움도 아름다워지고자 마음먹는 순간부터 가까워지는 것이라 생각된다.

율곡 이이의 아홉 가지 자세

　　많은 사람들이 화장이나 옷의 유행에 대해서 관심을 갖고, 자신의 몸무게나 키에 대해서는 민감하게 생각해서 다이어트를 하거나 높은 구두를 신거나 한다. 하지만 그런 노력이 언제나 효과적인 것 같지는 않다. 바르지 못한 자세로 인해 아름답게 보이지 않는다고 지적을 해주어도 정작 본인은 심각하게 생각하지 않는 것 같다. 하지만 소금만 신경을 쓰고 노력하면 자세교정은 상대에게 밝고 자신감 있게 보이도록 하며, 키도 더 커보이고 날렵하게 보이는 확실한 효과가 있다.

　　사람들이 나에게 관심을 갖고 보는 것은 사실 키나 몸무게 능의 숫자가 아니다. 등을 바로 편 곧은 자세에서 틱은 들리지 않고, 상대의 눈을 보고 당당한 자신감 있는 모습을 갖춘다면 나이가 어리다고 하여도 무시하지 못할 것이다.

　　율곡 이이의 擊蒙要訣(격몽요결)을 보면 양반으로서의 자세를 어떻게 갖추어야 하는지에 대해 자세히 나와 있다. 바른 자세를 갖춤으로써 다른 사람으로부터 존경을 받았던 것이다. 요즘의 말로 하면 옛날의 양반들은 토털 이미지 메이킹에 철저했다는 생각이 든다. 고전적이긴 하지만 우리가 좋은 이미지를 갖추려면 아래의 아홉 가지 자세를 갖추려 하는 것으로 부족함 없이 충분할 것이라고 생각된다.

足容重 발놀림을 가볍게 하지 않아야 한다. 그러나 어른의 앞이나,

　　　 어른의 명에 따를 때는 민첩하여야 한다.

手容恭 손을 힘없이 산만하게 놓아두지 말라.

　　　 일이 없을 때는 두 손을 공수한다.

目容端 눈을 단정하고 곱게 떠서 지긋이 정면을 보아야 한다.

口容止 입은 조용히 다물어야 한다

聲容靜 목소리는 항상 나직하고 조용하여 수선스럽지 않아야 한다.

頭容直 머리를 곧고 바르게 가져 의젓한 자세를 지킨다.

氣容肅 호흡을 조용히 하고 안색을 평온히 해서 기상을 엄숙히 한다.

立容德 서있는 모습은 그윽하고 덕성이 있어야 한다.

色容莊 얼굴은 항상 명랑하고 생기 있게 한다.

　　　 정제된 얼굴빛은 타인을 즐겁게 한다.

웃음 연습

어떤 사람을 보고 '인상이 좋다'라고 말하는 것은 외모만 아름답다는 객관적 평가가 아니라 호감이 간다는 주관적 감정의 표현이다. 가장 좋은 호감을 주는 표정은 무엇인가. 그것은 누구나 웃는 얼굴, 미소 띤 얼굴이라고 말할 것이다. 웃는다는 것은 자기 스스로 만족된 상태에서 상대에 대한 여유를 보여주는 행동이다. 그러므로 쌍방이 좋은 느낌을 갖게 된다.

그런데 딱히 어떤 불만이 있는 것도 아니면서 화가 난 듯이 굳어 있는 표정을 갖고 있다면 어떨까. 우리나라 사람들은 해외에 가면 경직된 표정으로 인해 한국인임이 구별된다고 한다. 경직되고 굳은 표정은 다른 사람의 접근을 막는 바리케이드 역할을 하게 된다. 얼굴에서 원하지 않는 바리케이드를 걷어내자. 표정이 있는 사람이 성공한다고 하지 않는가.

아름다운 웃음은 평소에 연습된 웃음이다. 생활 속에서 기쁘게 살면서 늘 웃던 사람만이 아름답게 웃을 수 있다. 그런데 왜 웃다가 마는 사람, 비뚤어지게 웃는 사람이 많은가. 웃다가 마는 이유는 자기의 웃는 모습에 자신이 없기 때문일 수도 있다. 그러므로 거울 앞에서 웃는 연습을 하자 준비된 웃음만이 아름답다.

웃음은 순간적으로 빛나는 보석이다. 웃음은 자신감의 표현이기도 하고, 상대에 대한 신뢰감을 보여주는 것이기도 하다. 상대의 존재를 인정하는 웃음이어야 하고, 자신의 마음이 담긴 웃음이어야 한다. 웃음은 자신의 내면을 내보이는 것이므로 자신과 상대에 대한 사랑을 담고 있어야 한다. 웃음은 느낌이다. 웃는 순간 이가 몇 개 보이는지, 눈가에 주름살이 몇 개나 잡히는 지는 상대방의 관심사가 아니다.

다만 천박하거나 헤프지 않은 웃음이어야 한다. 자신 없는 표정의 웃음은 비굴한 느낌을 준다. 또 남을 압도하는 듯 상대를 무시하는 웃음은 반감을 유발한다. 또 눈은 계속 웃고 있는데 눈빛이 차갑고 경직되어 있으면 상대에게 불쾌감을 준다.

그런데 불쾌감을 주려는 의도 없이 순수하게 웃었는데도 받아들이는 상대의 입장에서 오해하게 된다면 결코 바람직하지 못한 일이다. 입 주위의 근육이 경직되어 입 모양이 비뚤어진다면 비웃음으로 보일 수 있으므로 평소에 자주 웃는 습관을 들이고 가끔은 거울 앞에서 웃음의 모양을 점검하는 일이 필요하다.

아침마다 거울 앞에서 화장하면서 '아에이오우'로 입 주위의 근육을 단련하자. '아'는 최대한 입을 크게 벌리면서, '에'는 광대뼈를 움직이면서, '이'는 최대한 옆으로 입을 당기면서, '오'는 눈이 놀라는 표정으로, '우'는 최대한 입을 앞으로 내밀면서 열번씩 소리내어 본다. 입 주변의 모든 근육을 일깨워 단련시키는 느낌으로 꾸준히 하면 일그러짐 없는 건강한 웃음을 보여줄 수 있을 것이다.

Simple
Make-up

단정한 얼굴 화장

화장은 여성의 아름답게 보이려 하는 욕구의 충족을 도와주는 효과적인 수단이라고 한다. 또한 사회생활을 하는 여성에게 화장은 자신의 개성을 정리하여 자기의 직업적 특성에 맞게 변신할 수 있도록 하는 수단이 된다. Make-up 자체가 한 단계 높여 '완성시킨다', '보완하다'의 의미를 갖는다. 그러므로 자신의 얼굴에서 개성을 발견하고 보완하는 방법으로 필요한 화장을 할 수 있어야 한다. 무조건 예쁘거나 고운 화장만이 최선은 아니다. 자신의 얼굴을 감안하여 자기가 표현하고자 하는 자아를 드러낼 수 있는 단정한 화장으로 자신의 품격을 높여갈 필요가 있다.

최근의 화장술은 마술이라고 생각될 정도로 발전하였다. 분명히 못생겼다고 생각되던 개그우먼이 어느 날 매력적인 여성으로 바뀌어 있을 때의 놀라움이 이를 증명한다. 물론 여전히 미모의 여인이라고까지는 할 수 없어도 건강한 아름다움이 반짝인다. 대중들의 사랑을 받는다는 자부심과 자신의 연기력에 대한 자신감 또 화장술의 도움으로 미워할 수 없는 매력적인 개성을 갖춘 것으로 생각된다.

남성들에게도 얼굴빛을 정돈하여 주는 메이크업베이스의 효과를 갖는 컬러로션의 사용이 늘어나고 있다고 한다. 남자가 화장을 하는 것을 이상하게 생각하기보다는, 남자에게도 정제된 얼굴빛이 중요하며 이를 관리할 필요가 커졌다는 점을 눈여겨 보아둘 필요가 있다. 대선을 앞두고 대통령후보조

차 TV나 인쇄매체에 나오는 사진을 의식해서 전문 메이크업 아티스트의 도움으로 화장을 받는 것이 이제는 낯설게 느껴지지 않는 세상이 아닌가.

여자든 남자든 자신의 얼굴과 이미지를 잘 관리하는 방법을 가능하면 사회의 초년생 시절에 확실하게 배워둔다면 평생을 통해 유용하게 활용할 수 있으므로 시간과 돈을 투자해서 손끝으로 눈으로 몸으로 익혀두어야 한다고 생각한다.

올바른 피부손질

환절기에 피부가 거칠어지거나 피부에 염증이 생기거나 하면, 열심히 공들여 화장을 해도 산뜻한 느낌을 주기 어렵다. 그러므로 피부가 먼저 청결을 유지하고 햇볕과 자외선, 공해로부터 건강하게 보호되어야 한다. 또 적절한 수분과 영양을 공급하는 것도 매우 중요하다. 피부미인이 진짜 미인이라는 광고, 피부에 투자하라는 무수한 광고를 기억해야 할 것이다.

화장의 시작은 세안에 있다. 가장 주안점을 두어 매일 정성껏 철저하게 세안하여 피부의 청결을 유지하여야 한다. 먼저 화장을 지울 때는 포인트 메이컵인 입술과 눈의 아이섀도를 전용리무버를 적신 퍼프를 잠시 올려두었다가 닦아내고, 마스카라와 라인은 눈 그늘의 원인이 되므로 면봉으로 섬세하게 닦아낸다. 지성이거나 진한 화장을 지울 때는 클린싱크림을 사용하여 유성세안을 하고, 보통의 옅은 화장은 클린싱로션을 이용한다. 색조화장을 하지 않은 경우에도 클린싱워터로 닦아낸다.

다음에는 충분한 시간을 두고 얼굴을 물로 적시고 비누보다는 알갱이가 남지 않는 전용세안제의 풍부한 거품으로 마사지하듯이 닦는다. 반드시 자극이 되지 않는 미지근한 물로 아래에서 위로 여러 번 헹군다. 끝으로 찬물로 두드려서 마무리한다. 세안의 마지막 단계에는 스킨을 퍼프에 묻혀 피부결을 정돈하면 피지 관리에 도움이 된다.

스킨 세안 이후에는 영양 유액(에센스, 앰플, 시럼)과 아이크림 등을 바른다. 전체적인 피부보호를 위해서 수분의 증발을 막는 적당한 양의 로션과 영양크림을 바른다. 많이 바르면 피부 트러블의 원인이 될 수 있으므로 적은 듯한 양이 오히려 적량일 수 있다.

T. P. O. 메이크업

인기 가수가 새로운 노래를 취입하면 노래와 춤 외에도 새로운 분위기의 화장을 준비한다. 화장은 반드시 아름답게 보이려 한다기보다는 새 노래의 분위기를 잘 살릴 수 있는데 더 초점이 주어진다. 그런데 무대와 노래의 분위기에 맞춘 특별한 화장법을 보통사람이 직장에 근무하면서 똑같이 흉내내는 것은 지혜롭지 못한 화장이다. 사회생활을 하는 지금의 여성에게는 화장은 의무이자 갖추어야 할 예절이 되었다. 그러므로 T. P. O.에 맞춰 격식에 맞는 화장을 할 수 있어야 현명한 여성이라 할 것이다. 자신의 화장을 시간(Time), 장소(Place), 상황(Occasion)에 따라 적절하게 표현하는 것이 보다 중요하다.

직장에서의 메이크업은 반드시 자연스럽고 차분한 느낌을 줄 수 있도록 눈썹은 부드럽고 입술은 단정하게 표현한다. 색상은 너무 연하지도 진하지도 않은 중간 톤으로 선택한다. 단정하고 가벼운 메이크업이 무난하다. 머리 손질에 더 시간을 투자한다. 아름답기보다는 정갈하고 업무를 위한 준비가 되어 있다는 느낌을 연출하여야 한다.

점심시간에는 립라인을 정돈하고, 아이섀도를 덧발라서 오후의 피로감을 감출 수 있는 화장을 한다. 펄이나 번쩍이는 화장은 피하고 차분한 색조의 화장이 되도록 한다. 립스틱의 색상은 유행과 관계없이 붉은 색조로 칠한다. 마스카라는 검정이 무난하다. 단 아이라인은 검정으로 섬세하고 확실하게 그려준다. 하지만 지나친 마스카라는 인위적인 느낌을 준다.

저녁빛은 얼굴을 창백하게 보이게 하므로 붉은 느낌을 주는 볼터치와 립스틱을 사용한다. 밝고 화려한 핑크, 보라, 레드 계열을 사용하고 화사한 느낌으로 화장한다. 마스카라를 충분히 하고, 낮에는 사용하지 않는 펄을 사용할 수도 있다.

야외에서는 기초화장 후 자외선 차단크림을 더 꼼꼼히 바르고 선파운데이션이나 매트한 파운데이션을 발라 너무 두꺼워지지 않게 표현한다. 트윈케이크로 마무리한다. 아이라인은 펜슬타입보다 액상타입을 사용하여 번짐이 없이 깔끔하고 또렷하게 표현한다. 마스카라는 생략해도 되며 사용할 때는 물과 땀에 상한 워터프루프 마스카라를 사용한다. 입술은 차가운 느낌의 핑크, 오렌지 계통으로 또렷하게 그린다. 선글라스와 스키고글을 쓸 경우에는 눈화장보다는 입술표현을 깨끗하게 하고, 햇빛과 자외선에서부터 피부를 보호하는데 신경을 쓰는 것이 중요하다.

한복을 입는 경우는 밝고 화사한 피부 표현에 신경을 쓴다. 꽃분홍, 오렌지, 빨강 등 원색의 한복이나 저고리와 치마가 대비를 이룬 한복을 입을 때는 눈이나 입술 중에서 하나를 강조한다. 일반적으로 저고리와 같은 색상의 립스틱을 바르는 것이 가장 무난하다. 볼화장은 언제나 립스틱과 동일 계열을 쓴다. 목이 많이 드러나므로 경계가 나타나지 않도록 분을 발라 신경 쓴다.

메이크업 순서

메이크업은 베이스 메이크업과 포인트 메이크업으로 나누어진다. 베이스 메이크업은 색조화장 이전에 얼굴의 피부색을 정돈하는 것으로, 기초 화장 후 메이크업베이스와 화운데이션을 바르고 페이스 파우더나 콤팩트로 마무리한다. 포인트 메이크업은 눈썹과 눈, 입술, 볼화장을 어울리는 색조로 조화되도록 화장한다.

기초 화장 후 적당히 촉촉한 상태일 때 메이크업베이스를 바르고, 또 적당히 촉촉한 상태일 때 다시 파운데이션을 칠해야 한다. 각 단계별로 수분과 유분이 지나치다고 생각되면 티슈를 이용하여 조절하거나 손으로 충분히 흡수되도록 두드려준 후에 다음 단계의 메이컵으로 넘어가야 한다. 각 단계에서 수분과 유분이 적절하게 조절되어야만 깨끗한 화장이 가능하며, 오래 지속되는 화장을 할 수 있게 된다.

✤ 메이크업베이스와 파운데이션

메이크업베이스와 파운데이션은 한번 펌프를 눌러 나온 양을 기준으로 일단 2/1로 양볼, 이마, 콧등, 턱에 적당량을 나누어 놓는다. 다음 얼굴 중심에서부터 외곽으로 펴준다.(양볼→이마→콧등→입가→눈가→턱순) 나머지 양을 다시 2/1로 나누어 바르고 남은 것을 부족한 부분에 덧바르는 식으로 바른다.

메이크업베이스는 피부에 막을 형성해 수분 증발을 막아준다. 파운데이션의 피부부담을 막고 밀착도를 높인다. 피부색을 조절해 주는 것으로 로션타입은 수분이 많고 펌프식 용기에 담겨있다. 자연스럽고 가벼운 느낌으로 표현된다. 크림타입은 유분이 많고 로션보다는 무거운 느낌으로 표현되지만 확실하게 얼굴색을 보정할 수 있다. 자신의 피부의 색과 상태에 따라 컬러를 선택하면 원하는 피부색의 보정 효과를 볼 수 있다. 핑크색은 투명하고 혈색 없는 피부를 화사하고 혈색 있게 한다. 그린과 바이올렛은 붉거나 여드름, 잡티가 있는 피부, 노란 피부에 사용한다. 옐로는 검은빛의 노란 피부에 사용한다. 오렌지는 피부를 어둡게 표현하여 얼굴을 작아 보이게 한다. 화이트는 칙칙하고 어두운 피부를 밝게 표현하고 부분적으로 눈밑의 기미를 감추는네 긴실러 대용으로도 사용된다.

Base Makeup	1. Makeup Base
	2. Foundation
	3. Face Powder or Compact
Point Makeup	4. Eyebrow Makeup
	5. Eye Makeup (eye shadow → eye line → eye liner pencil → mascara)
	6. Lip Makeup (lip liner pencil → lip stick → lip gloss)
	7. Check Makeup

파운데이션은 피부색을 표현하고 얼굴 윤곽을 수정하는 효과를 볼 수 있다. 무스타입은 거품 형태로 커버력이나 지속력은 약하고 피부가 깨끗한 사람이 자연스럽게 보정 효과를 얻기 위해 사용한다. 리퀴드 타입은 수분이 많아 사용감이 가볍다. 크림 타입은 유분이 많고 지속력과 커버력이 높다. 케이크 타입은 두꺼운 화장이 되기 쉬우나, 빠른 화장이 가능하다.

피부색이 희다고 해서 화장품 가게에서 권하는 밝은 파운데이션은 자칫 낭패를 볼 수 있다. 또 피부가 검다고 검은 파운데이션으로 피부 표현을 꼭 어둡게 할 필요는 없다. 직장에서는 무난한 표현이 어울린다. 답이 없는 만큼 여러 번 시도하여 자신에게 맞는 색깔을 찾아내는 노력이 필요하다. 어울리는 색을 찾아내 바르는 방법을 터득하면 그만큼 메이크업에 자신감을 가질 수 있을 것이다.

❀ 페이스 파우더와 콤팩트

파운데이션의 유분기를 흡수하고 메이크업의 지속력을 상승시키는 효과를 볼 수 있다. 파우더는 광선을 흡수하고 일부는 난반사하여 부드러운 느낌으로 화장을 완성시킨다. 파운데이션과 동일계열을 선택하여 분첩에 내용물을 넉넉히 묻혀 털어낸 후 문지르지 말고 살짝 여러번 두드려 바른다. 턱 밑에서 시작하여 얼굴 윤곽에 따라 바르고, 분비물이 많은 코 주변은 나중에 여분으로 바른다. 넉넉히 바르고 남은 것은 전용 브러시로 털어낸다. 파우더는 바른 직후에는 많이 바른 듯 하지만 시간이 좀 지나면 자연스럽게 된다. 단 파우더를 바른 피부 느낌이 뻑뻑하다면 얼굴의 유분과 수분이 많이 남아 있는 상태에서 발라진 것으로 화장의 지속력을 떨어뜨리므로 당장은 좀더 많이 손으로 두들겨주고, 다음부터는 더 적은 양을 바르도록 한다.

❀ 아이 브로

얼굴이 작아보이고 단정한 느낌을 주고 싶다면 가장 신경 써야 할 부분
이다. 얼굴의 전체적인 이미지를 좌우한다. 눈썹을 눈썹의 앞머리보다 조금
뒤쪽에서 시작하여 가볍게 그려 모양을 만든다. 눈썹의 머리부분은 옅게 꼬
리부분은 가늘고 진하게 표현한다. 눈썹의 길이를 눈길이보다 길게 빼서 짧
게 하지 않는다. 또 모발의 색상과 지나치게 다르게 하지 않는다. 눈썹머리보
다 눈썹꼬리가 처지지 않도록 한다. 좌우 대칭이 되도록 한다. 눈썹이 화장에
서 가장 기술을 요하고 숙련되기 어려운 부분이므로 포기하지 말고 오랜 시
간을 두고 익숙해지도록 노력하여야 한다.

❀ 아이 섀도

눈에 음영을 주고 입체감을 강조하며, 눈의 모양을 보완한다. 화려한 색
조의 사용이 가능하여 개성표현이 가능하다. 보통 의상색과 동일계열의 색조
를 사용하면 한층 세련된 느낌을 줄 수 있다. 계절에 따라 피부색과 조화되는
색을 선택한다.

눈 모양에 따라 범위가 적절하도록 표현하고, 색상이 얼룩지지 않도록
고르게 펴준다. 진하게 바르고자 할 때는 처음부터 진하게 바르지 말고 조금
씩 여러 번 덧발라 표현한다. 먼저 베이스로 화이트나 아이보리를 미리 눈썹
뼈부터 전체를 깔아주면 깨끗한 색상 표현이 가능하다. 유행에 따라 예전에
는 볼터치와 같은 진한 색을 바르기도 하고, 얼마 전에는 화이트나 펄을 바르
기도 했지만 최근에는 눈에 띄지 않는 옅은 베이지나 아이보리 등으로 연하
게 바른다. 속눈썹 선에서 원하는 색상을 눈두덩이까지 연하게 펴주거나 홀
라인을 만든다. 눈두덩이에 바른 색보다 어두운 색으로 속눈썹 선에서 눈 꼬

리까지 포인트를 준다. 짙은 갈색, 짙은 회색, 검은색 등으로 속눈썹 선과 눈 밑의 꼬리에만 아이라인을 이어 그려준다.

✤ 아이 라이너와 펜슬

또렷하고 생기 있는 눈매 표현이 가능하다. 눈의 모양을 보완한다. 검정, 브라운, 청색을 사용하여, 속눈썹 사이를 잇듯이 그리며 끊어지지 않게 그린다. 펜슬은 자연스럽게 보이며, 초보자도 사용하기 쉽다. 액상타입은 또렷하게 표현되지만 훈련이 필요하다.

✤ 마스카라

깊이 있는 눈매를 표현한다. 검정, 갈색, 청색, 보라 등이 있지만, 검정이 가장 무난하다. 바쁜 아침에는 바르기 쉽고 자연스러운 투명마스카라도 유용하다. 속눈썹에 묻은 분과 섀도를 제거하기 위해서도 반드시 할 필요가 있다. 길게 표현하기보다 풍성하게 표현해야 효과적이긴 하지만, 무리하게 덧칠된 마스카라 화장은 부담스럽다.

✤ 립 메이크업

화장의 전체적인 분위기를 마감한다. 립스틱을 바르기 전에 피부색으로 입술 윤곽에 발라 깨끗하게 정리한다. 립 라이너로 라인을 그리고 안쪽을 전부 채운다는 느낌으로 립스틱을 바른다. 입술에 중앙선을 그어 중심을 잡은 후 중앙에서 양끝으로 그려주고 아랫입술은 양끝에서 중앙으로 모아 그린다. 립라이너 없이 누드 메이크업이 유행하기도 하지만 직장에서는 언제나 립라이너를 사용한 단정한 입술을 그리는 편이 좋은 것 같다. 립라이너는 립스틱과 성분이 달라서 번지는 것을 막아주고 지속력이 좋게 한다. 아이섀도가 진하게 강조되었다면 상대적으로 연하게 발라져야 하고, 아이섀도가 생략되거나 연하게 표현되었다면 상대적으로 진하게 바름으로써 조화를 얻을 수 있다.

❀ 볼 터치

적은 양이라도 반드시 발라서 혈색을 보완하고 화사하게 연출한다. 적은 양으로도 표정을 생기있게 하고 건강미를 표현한다. 립 컬러와 동일계열 또는 섀도 컬러와 조화되는 색으로 한다.

직장여성의
멋내기

옷 입기의 기본

    사람의 옷차림과 몸치장은 그 사람의 직업과 생활, 가치관, 성격, 취미 등 여러 가지를 짐작하게 한다. 그러므로 우리가 남 앞에 설 때는 옷차림과 몸치장에서 품위가 느껴질 수 있도록 주의할 필요가 있다. 청바지를 입은 모습으로 떠올려지는 빌 게이츠도 ms-dos라는 운영체제를 가지고 IBM과의 협상의 자리에 나갈 땐 IBM스타일이라고 말해지는 격식있는 정장을 갖춰 입었다고 한다. 그러므로 성공적인 비지니스를 위해 깔끔하면서도 유행의 감각이 조금은 살아있는 세련된 옷차림에 관심을 기울일 필요가 있다. 특히 직장에서 일하는 나이 어린 여성의 경우는 능력으로 대접받고 싶다면 나이를 알 수 없도록 성숙한 옷차림에 신경 쓸 필요가 있다.

    여성은 남성의 양복처럼 정해진 형태의 옷이 없어 선택의 여지가 많은 대신에 사무적인 분위기를 연출할 수 있는 적절한 스타일의 옷을 골라 입어야 하는 어려움이 있다. 또 남성과 달리 연속해서 같은 옷을 입기도 어렵다. 매일매일 액세서리와 스카프, 구두, 핸드백 등의 적절한 소품을 사용하여 세련미를 갖춘다는 것도 쉽지 않은 일이다.

    옷을 고를 때는 자신이 속한 회사와 직종, 그리고 자신의 개성을 고려하여 선택한다. 자신이 원하는 스타일과 색상보다는 옷을 입었을 때 자신이 어떻게 표현되는지를 염두에 두고 고른다. 아름다운 여자로 보이고 싶은지, 업무에 유능한 여성으로 보이고 싶은지가 먼저 결정되어야 한다. 개인적으로 여성적이고 귀엽고 화려한 의상을 선호한다고 해도 그런 옷을 직장에서 입었을 때 어떨지를 먼저 생각할 필요가 있다.

회사의 분위기를 고려해서 어느 정도는 보수적인 정통 스타일의 옷부터 갖추어 간다. 직장에서의 의상은 자유로운 유니폼이라고 생각하고 감색과 검은색, 브라운색, 자주색의 클래식한 정장을 기본색으로 갖추어 나가는 것이 무난하다. 그렇지만 업무를 위한 딱딱한 정장을 입더라도 여성적인 느낌은 유지한다. 판매되는 여성정장이 바지정장 일색이라 하더라도 격식을 갖춰야 할 자리에는 치마정장을 입는 것도 필요하다. 치마정장은 무릎선의 샤넬 라인이 무난하다. 길면 촌스럽고 너무 짧으면 경박하다. 직장 유니폼을 입더라도 항상 정결하며 단정하게 입는다. 모두 같은 모양의 옷을 입고 있어도, 옷을 입은 맵시에는 큰 차이가 있다.

옷 고르기의 주의점

옷을 살 때는 반드시 입어보고 산다. 전신거울로 옆과 앞과 뒤를 살펴보고, 전체적인 실루에트를 본다. 허리선과 소매선이 자연스러운지 본다. 소매는 약간 긴 듯한 느낌이 활동할 때는 자연스럽게 보인다. 확실하게 마음에 들지 않으면 사지 않는다. 자신의 판단과 믿을만한 조언자의 의견을 참작하여 산다. 필요한 경우에는 숍 마스터의 도움을 받아 어울리는 정장과 블라우스 등 소품도 추천을 받아보고, 입는 방법도 상의한다. 하지만 구매여부만은 자신의 판단으로 결정한다. 주변사람들의 말에 좌우되어 생각지 않은 옷을 사게되면 막상 별로 입지 못하는 경우가 많다.

색상이 특이하거나 패턴이나 배색이 복잡하면 정작 어울리게 입어 소화하기가 어렵다. 디자인이나 소재가 유별스러워도 활용도가 떨어진다. 회사에서는 최소한 너무 밀착되는 의상이나 번쩍이는 소재의 옷은 입지 않는다. 파격적인 형광색이나 유치한 색상은 피하고, 치마의 길이가 너무 짧거나 길지 않도록 한다. 옷이 적을수록 구매시에는 기본적인 색상과 기본적인 스타일의 옷을 소재의 품질을 중시하여 구매할 필요가 있다. 너무 유행을 타는 옷차림은 품격을 낮추므로 직장에서 입기 어렵다는 사실을 명심하자.

향수

최근에는 '향수를 뿌린다'고 하지 않고, '향을 입는다'고도 표현한다. 하지만 자신의 이미지에 맞는 적절한 향수를 선택하여 사용하는 것은 쉬운 일이 아니다. 주변을 돌아보면 너무 많은 양의 향수를 사용하여 현기증을 유발하는 사람, 여러 향수를 같이 사용하여 나쁜 냄새를 풍기는 사람이 많다. 기본적으로 화장품과 비누에 향이 포함되어 있어서 뜻하지 않게 여러 향을 복합하여 쓰게 될 수 있다는 점에 주의하자. 같은 이유에서 자주 입고 다니게 되는 겨울 코트류에는 여러 종류의 향수가 뿌려지지 않도록 주의한다.

일단 향수도 때와 장소에 맞게 낮에는 꽃 향이나 그런 향의 가벼운 향수를 쓴다. 밤에는 꽃 향이나 일반적으로 고가인 동물성향을 쓴다. 그러나 샤워를 새로이 하고 옷을 갈아입을 수 있는 상황이 아니라면 아침에 쓴 향수를 그대로 사용하자.

또 제대로 향수를 사용하려면 선물받은 향수를 무심히 사용하지 말고, 전문가의 도움을 받아 자신이 선택한 향수를 쓴다. 백화점에 가서 원하는 향수의 시향지를 받아다 집안 여러 곳에 두고 2~3일 냄새를 맡아보아서 자신에게 어울릴만한 향수를 심사숙고하여 고른다. 브랜드에 현혹되지 말고 자신이 즐길 수 있는 향수를 찾아내어 사용하는 것이 수준 있는 향수 사용법이라고 할 것이다. 항상 사용하는 향수는 과도하게 많이 뿌릴 수 있으므로 열흘에 한번은 사용을 멈추는 휴식기간을 갖는다.

구두와 핸드백

구두는 너무 낮거나 높지 않은 중간 굽을 선택한다. 5내지 7센티미터 굽의 세련된 정장구두를 신어내는 훈련이 필요하다. 세련된 힐은 격식 갖춘 정장을 완성시키기 때문이다. 무심코 신고 다니는 투박한 통굽의 구두는 정장에 어울리지 않으며, 키가 작은 사람이 신은 높은 통굽 구두는 신체 비율이 아름답지 못해 보이고 더 작은 느낌을 준다.

회사내에서는 아무 생각없이 슬리퍼를 많이 신는데, 무신경하게 보이므로 발모양이 편한 둥근 단화 형식의 제대로 된 구두를 신도록 한다.

구두는 질이 좋은 것으로 잘 닦아서 관리한다. 굽은 좀 높더라도 굽의 중심이 잘 잡혀 있는 구두는 편안하므로 오후에 충분한 시간을 갖고 신어보고 걸어보고 고른다. 색상은 검은색, 짙은 밤색, 짙은 감색, 베이지 색상의 구두가 활용도가 높다. 특히 스타킹의 색깔과 맞추어 베이지색의 구두를 신으면 키가 커보이는 느낌을 준다. 그러나 여름에 흔히 신는 백색구두는 색상면에서 어떤 옷과도 조화되기 어려움으로 피해야 할 아이템이다. 감색과 검정은 색상면에서 서로 어울리지 않으므로, 감색 정장에는 동일 계열의 짙은 감색 구두나 차라리 짙은 밤색구두를 맞추어 신는 편이 더 어울린다. 특히 면접 등 중요한 자리에 갈 때는 옷의 색상에 어울리는 깨끗한 구두를 신는 것이 중요하다.

핸드백은 아주 작거나 차라리 A4용지가 들어갈 수 있는 크기의 것으로 마련한다. 어정쩡한 사이즈의 핸드백보다는 세련된 서류가방을 마련하는 것이 전문적인 이미지를 갖게 하는데 도움이 된다. 구두나 핸드백 모두 전신거울 앞에서 신어보고 메어보고 난 후에 자신의 신체 비율과 조화가 되는지를 꼼꼼이 점검하여 산다. 용도나 사이즈가 애매한 어울리지 않는 명품 가방이나 과도하게 눈에 띄는 특별한 모양의 구두는 오히려 옷차림의 조화를 깨뜨리기 쉽다.

액세서리

액세서리는 반드시 진품일 필요는 없지만 오래 사용할 수 있도록 품격이 있는 것을 신중하게 선택하여 소중히 관리한다. 세트 개념으로 같은 소재와 같은 느낌의 액세서리를 절제하여 착용한다. 의상을 갖춘 후, 향수를 먼저 뿌리고 액세서리를 한다. 향수가 닿으면 변색의 우려가 있다.

금색 액세서리는 광택이 있는 것과 없는 것으로 구별하여 사용한다. 광택이 있는 것은 사계절 사용할 수 있지만 무광의 금색 액세서리는 따뜻한 느낌을 주므로 여름보다는 겨울에 사용하는 것이 좋다. 은색 액세서리는 일반적으로 동양인에게 잘 어울리지 않으므로 유행을 하더라도 특별히 조심해서 사용한다.

진주는 하얀 피부의 경우는 나이와 상관없이 핑크색 진주가 더 잘 어울리지만, 노란 피부의 경우는 오히려 피부색을 칙칙해 보이도록 할 수 있기 때문에 베이지색 진주를 선택한다. 반짝이는 큐빅 액세서리는 바탕의 색깔이 금색인지 은색인지에 따라 구분하여 사용한다. 유색 보석류는 의상이나 스카프의 한색과 어울리도록 사용되면 극적이고 화려한 느낌을 줄 수 있다.

액세서리를 착용할 때는 전신용 거울 앞에서 의상에 어울리는 색상의 액세서리를 골라 착용 위치를 찾아본다. 소재를 통일하여 어수선한 느낌이 들지 않도록 하고 액세서리의 주역을 결정한다. 또 더하기와 빼기를 통해서 어울리는 액세서리 착용을 찾아낸다.

면접가이드

면접

신입사원의 선발에 있어서도 면접의 중요성은 매우 커지고 있다. 회사가 관심을 갖는 개인의 능력이 필기고사나 토익성적으로 나타나는 지적능력 이외에도 사람에게 호감을 주고 일을 성사시키는 능력으로까지 확장되었기 때문이다. 따라서 한사람을 보다 총체적으로 볼 수 있는 면접을 선호하게 되었다고 생각된다.

면접을 당하는 입장에서는 회사가 자신의 무엇을 보고 어떻게 평가할 것인가에 대해 두려움과 걱정을 갖는 것은 당연한 일이다. 그러나 면접은 회사로서도 같이 일을 하게 될 직원들을 선발하는 중요하고 경사스러운 일이다. 면접을 하는 회사 임원들인 면접관에게는 후보자들의 이력서가 쌓여 있다. 지원자들의 입사동기, 성격, 능력, 일에 대한 열의를 짧은 시간에 최대한 파악하고자 한다. 그리하여 그들은 같은 직장에서 같이 일하게 될 '좋은 사람'의 선발을 위해 당신의 약점이 아니라 장점을 발견하려고 노력할 것이다.

그러므로 면접에 임하기 전에 자신만의 차별화된 장점을 개발하고, 원하는 직종이 자신의 적성과 흥미에 맞는지 먼저 생각해 보아야 한다. 그 다음에 그 회사가 원하는 인재의 특성을 생각해보면 면접에서 좀더 구체적인 대응이 가능하리라고 생각된다. 면접시험에 합격하는 확실한 방법은 없지만, 어떤 질문을 받을지 미리 생각해 보는 것이 합격의 가능성을 높게 할 것이다.

면접의 평가기준

　　일단 면접에 들어가면 면접관들은 이 사람이 우리회사를 위해서 어떤 능력으로 무엇을 해낼 수 있는 사람인지를 파악하려고 노력한다. 어른들이 사람을 추천할 때는 성실한 사람, 믿을 만한 사람, 예의바른 사람이라는 것을 강조해 말하는데, 이 밀의 의미를 충분히 알 수 있다면 다음의 평가기준도 이해가 될 것이다.

1. 성실한 사람인가
2. 필요한 전문지식과 능력을 갖추고 있는가
3. 표현능력이 있는 사림인기
4. 사회성을 갖고 있는가
5. 호감을 줄 수 있는 사람인가
6. 건강한 정신과 신체를 갖고 있는가
7. 뚜렷한 가치관과 인생관을 가지고 있는가
8. 자기개발능력을 가진 발전성이 있는 사람인가
9. 참신한 감각을 지니고 있는가

　　회사의 업무는 궁극적으로 협업에 의해서 이루어지기 때문에 자기가 맡은 업무를 어떻게 수행하고 있으며 무엇이 필요한지 도움을 얻어내는 표현능

력과 사회성이 중요하게 생각된다. 또 개인 능력의 발전과 함께 회사의 발전
에도 얼만큼 많이 기여할 수 있을 것인지에 큰 관심을 갖기 때문에 회사와 함
께 발전하려는 의욕을 보여주는 것도 중요하다.

면접의 노하우

1. 첫 인상에서 어필한다. 밝은 표정과 목소리, 예의바른 태도 등 7초 이내에 당신에 대한 중요한 평가가 내려진다.

2. 보수적인 안전한 옷차림인 정장을 한다. 진한 청색이나 회색의 치마 정장을 어색하지 않게 입어내는 것이 중요하다. 회사에서는 소녀가 아니라 어른으로 자신의 역할을 해낼 수 있는 여성을 원한다. 회사에서는 평상시에도 격식을 갖춘 정장을 입어주기를 바란다. 때문에 취업 전에 정장 입는 습관을 들인다.

3. 지원 회사에 대한 사전조사를 한다. 그 회사의 상품과 주요 고객, 기업전략, 광고 등에 대한 사전조사를 하게 되면, 질문자가 바라는 답변에 근접하게 될 것이다. 그러나 자신이 지원한 회사와 유사한 이름의 다른 회사를 혼동하는 경우에는 면접관을 실망시키게 된다.

4. 핸드백도 책가방도 아닌 프로의 이미지에 도움이 될 수 있도록 필요한 서류와 메모지, 필기구 등을 넣은 서류가방를 들고 간다. 책가방으로 쓰던 배낭을 메는 것은 사회인으로 준비가 되어 있지 못하다는 인상을 줄 수 있다.

5. 면접 리허설을 해본다. 때로는 비디오로 촬영하여 객관적인 눈으로 자신의 부족한 점을 점검해 본다.

6. 답변 내용보다는 답변하는 자세를 더욱 눈여겨보고 있을 수 있으니,

개인적인 문제에 대해 언급한다고 해서 불쾌하다는 기분을 나타낼 필요는 없다. 또 어려운 경제사정이나 복잡한 개인사정을 얘기할 필요는 없으니 상식적인 선에서 언급하도록 한다.

7. 답변은 여유 있게 한다. 그러나 시간을 너무 끌어 면접관을 지겹게 하지 않는다. 궁금한 것을 물을 기회를 준다고 해서 회사가 제공할 수 있는 서비스에 대해 묻는 우매한 행동은 하지 않는다.

8. 항상 자신감을 갖는다. 누군가를 채용하기 위해서 면접을 하는 것이므로 자신감이 있는 태도를 보여준다. 기분 좋은 자신감은 상대에게 호감을 준다.

9. 자신의 차별화된 장점을 내용으로 하는 30초, 1분, 3분 자기소개의 말을 준비해둔다. 또 말하다가 조금 잘못되었다고 해서 처음부터 같은 내용의 말을 반복하는 것은 면접관에게 요령부득인 답답한 사람으로 보이게 하므로 주의할 일이다.

10. 경력직의 경우에도 면접은 중요하다. 개별면접시에는 상대 회사의 형편을 고려하여 정시에 도착하도록 시간을 맞춘다. 스카우트의 경우라도 겸손함을 보이며, 면접을 당하는 입장에 있으므로 면접의 일시를 자신의 사유로 변경하지 않는다.

11. 어떤 질문에도 무심하게 '예' 또는 '아니오' 로 답하지 않는다. 간단한 설명을 붙여서 성의 있는 답변 태도를 보인다.

면접관이 갖는 의문 사항

1. 직업에 대한 관심이 없어 보인다.
2. 지원회사에 대해 알려고 하지 않는다.
3. 회사에서 자기가 어떻게 기여할 수 있는지는 생각하지 않고, 자신에게 무엇을 해 줄 것인지에 대해서만 관심을 보인다.
4. 그냥 예, 아니오로 답한다.
5. 발음이 불분명하고, 조리있게 말하지 못한다.
6. 응시자가 오히려 면접관을 인터뷰하는 느낌을 준다.
7. 자신에 대한 자신감 결여와 직업에 대한 장기계획이 없다.
8. 옷차림이 단정하지 못하고, 어울리는 복장이 아니다.
9. 전 직장의 상사를 험담하거나, 품위 없는 속어나 비어를 사용한다.
10. 껌을 씹거나 삐삐, 휴대전화를 끄지 않고 면접에 들어온다.

면접 준비

졸업반의 경우에는 취업추천의뢰가 언제 있을지도 모르므로 평소에 정장을 갖추어 입고 다닐 필요가 있다. 필요한 취업관련서류도 구겨지지 않도록 파일에 넣어 준비하고 다닌다.

1. 면접 전날 철저한 수면으로 좋은 안색을 가질 수 있도록 한다.
2. 필요한 서류는 미리 준비한다. 서류가방에 이력서, 자기소개서, 성적증명서, 추천서, 주민등록증, 도장 등을 넣어둔다. 간단한 화장품과 예비스타킹, 필기구도 준비한다.
3. 면접에 입을 옷은 클래식한 치마정장으로 준비한다.
4. 속옷, 액세서리, 구두, 소품을 모두 갖추어 입어보고 거울 앞에서 색상과 질감을 점검한 후에 한 곳에 보관한다.
5. 머리가 긴 경우에는 자르거나 화려하지 않은 머리핀 등으로 깔끔하게 정돈한다. 머리카락이 흩어져 자주 손을 올리게 되면 산만해 보인다. 또 긴머리는 일하려고 준비된 여성으로 보이기보다 철없는 소녀 같은 느낌을 준다.
6. 아침에 일어나 조간 신문을 보면서 주요 기사에 대한 의견을 정리한다.
7. 면접시간에는 일찍 도착해서 옷 매무새와 마음을 정돈할 여유를 갖는다.

면접의 진행

❀ 대기실

　침착하고 단정한 자세로 순서를 기다린다. 자기차례가 가까워 오면 매무새를 점검한다. 대기실에서도 평가는 계속된다고 생각한다. 잡담이나 흡연은 삼간다.

❀ 호명 및 입실

　자기의 이름을 부르면 목례하며 똑똑히 대답한다. 면접실 문을 두 세번 노크하고 조용히 문을 닫은 다음 가볍게 목례하고, 면접관 앞에 서서 정식으로 인사한다. 필요하다면 자신의 수험번호와 이름을 명확하게 얘기한다.

❀ 착석

　의자에 앉을 때는 착석지시를 받아서 앉는다. 허리와 가슴을 최대한 펴고 깊숙이 앉는다. 등받이에 등을 약간 기대고 양손은 무릎 위에 자연스럽게 올려놓고 앉는다. 안정감 있는 시선으로 면접관의 미간을 보면서 시선이 가슴선 아래로 떨어지지 않도록 유의한다.

❀ 질의 응답

　침착하고 밝은 표정으로 면접관들에게 고루 시선을 둔다. 질문에 맞는 대답을 조리 있고 정확한 발음으로 답변한다. 너무 빠른 말투로 얘기하거나, 우물쭈물 시간을 끌지 않는다.

✿ 퇴장

조용히 일어나서 정식으로 인사하고 두세 걸음 뒷걸음으로 나오다 돌아나온다. 면접이 만족스럽지 못했다 하더라도 끝까지 당당한 자세를 유지한다. 면접의 성패는 면접관이 하지 내가 판단할 수 있는 것이 아니므로, 지레짐작으로 어깨를 움츠리거나 머리를 흔들어 자신 없어 보이지 않도록 주의한다. 문을 나서기 전 목례하고 조용히 문을 닫는다. 문이 꽝 닫기지 않도록 한다.

면접 예상 질문

1. 왜 이 회사를 지원하게 되었습니까.

　　관심을 갖고 있었다는 말을 덧붙여도 좋다. 하지만 그 회사에 대한 확실한 정보에 근거하여 얘기하도록 한다. 사전 조사가 필요한 부분이다.

2. 다니던 직장을 왜 그만두었습니까.

　　대부분 상사와의 불화로 그만두지만 솔직하게 밝힐 필요는 없다. 새로운 업무를 배우고 싶었다는 업무에 대한 관심 표시 정도가 좋다. 다만 동종 업계여서 소문이 나있다면 상사를 험담하기보다는 업무스타일이 달라 서로의 견해 차를 줄이기 어려웠다는 정도의 언급이면 충분하다.

3. 왜 직업을 바꾸려고 합니까.

　　새로운 일을 하고 싶어서라는 막연하고 진부한 대답보다는, 새로운 직업이 자신의 능력과 적성 그리고 장기적 목표 달성에 도움이 된다고 얘기해야 한다.

4. 지금부터 5년 후에는 어떤 모습이 되어 있기를 바랍니까.

　　아직 생각해 본적이 없다는 대답이나 회사의 목표와 맞지 않는 답변을 하지 않도록 한다. 장기목표에 대한 언급을 하지만 단기목표를 강조한다.

5. 당신이 이제껏 수행한 일 중에서 무엇이 대표적인 것입니까.

　　자랑 일변도가 아닌 일의 전체적 상황파악능력을 보여준다.

6. 당신의 장점은 무엇입니까

　　장점은 구체적인 것으로 정말 자신 있는 두세 가지로 한정하여 장황하지 않게 이야기한다.

7. 당신의 약점은 무엇입니까.

　　당황한 나머지 치명적인 약점을 스스로 털어놓을 필요는 없다. 하지만 약점이 아닌 장점을 약점인 양 늘어놓는 것은 오히려 반감을 유발할 수 있다.

8. 왜 당신이 이 일의 적임자라고 생각했습니까.

　　일에 대한 관심과 열정을 보여주어야 한다. 지금까지의 업무나 받은 교육 중에 업무에 도움이 되는 부분을 말한다.

9. 당신은 상사와 사이좋게 지낼 수 있습니까.

　　상사와의 관계를 언급할 때는 개인적인 선호가 아니라 업무처리 방식에 대해서만 이야기한다. "저는 일의 결과가 가장 중요하다고 생각합니다. 융통성이 있고 사교적인 성격이어서 누구와도 원만하게 지낼 수 있습니다"라고 얘기한다.

10. 건강은 어떻습니까. 결혼은 언제 할 것입니까.

　　개인적인 질문의 경우는 대답하는 태도나 가치관에 대해 더 관심이 있을
수 있다. 상식적인 선에서 긍정적이고 명랑한 태도로 답변한다.

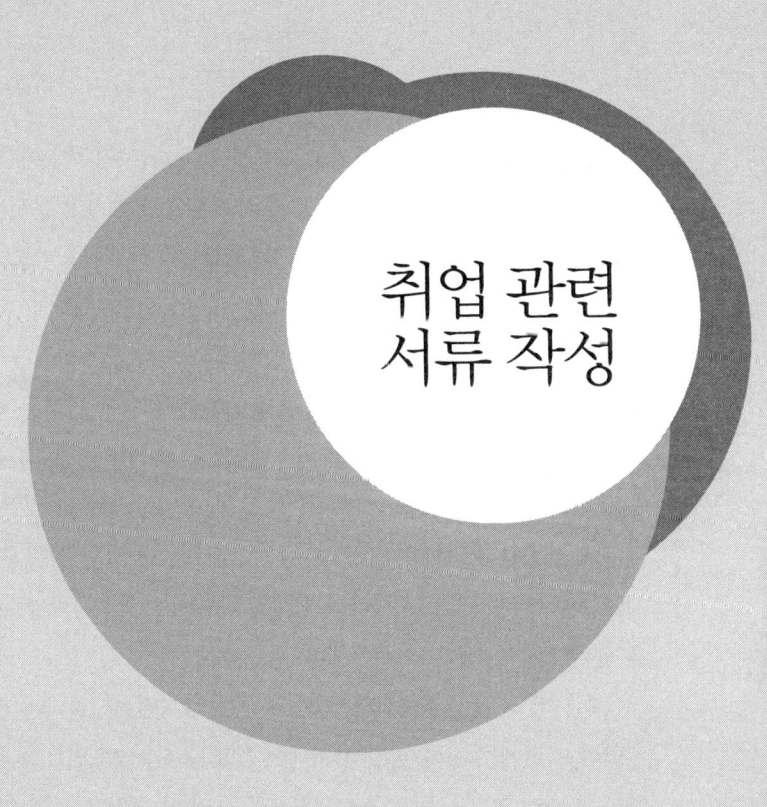

취업 관련
서류 작성

서류작성의 주의점

취업관련서류의 경우 특별히 자필을 요구하는 경우가 아니면, WP를 사용하여 깨끗하게 작성한나. 격식을 갖춘 서류를 통해 WP 문서작성능력을 보여주는 것이 필요하다. 자필서류를 요구하는 경우에는 또박또박 정성스럽게 정해진 서식에 따라 쓰도록 한다.

다만 어떤 경우에도 증명서류가 아닌 이력서나 자기소개서를 복사기로 복사하여 제출하지 않는다. 받는 회사 입장에서 보면 어디든 취업되면 그만이라는 식의 마음이 읽히기 때문에 호감을 줄 수 없다. 입사서류가 아니더라도 복사된 서류는 길거리에서 무단으로 배포되는 전단과 같은 느낌을 주기 때문에 소중히 취급하게 되지 않는다. 그러므로 취업을 위해 여러 회사에 동시에 서류를 내더라도 회사마다 최선을 다해서 해당회사에 맞는 별도의 서류를 만든다는 마음으로 임하는 것이 필요하다.

회사에 직접 제출하도록 하는 서류는 약식면접이라 생각하고 오전이나 적당한 시간에 정장을 입고 가서 접수하도록 한다. 우편으로 발송하는 경우에는 충분한 시간을 두고 등기우편으로 보낸다. 큰 서류봉투 안에 파일을 이용하여 서류가 구겨지는 일이 없도록 유의한다.

자기소개서 쓰기

자기소개서는 자신을 PR하는 뚜렷한 목적을 가지고 작성하는 문서다. 글씨체는 명조체나 신명조체를 사용한다. 또 강조하기 위해서 진하게 하거나 음영, 또는 색깔을 넣는 것은 디자인 계열 외에는 피하여야 한다.

자기소개서의 용어는 같은 문구가 반복되지 않도록 한다. 또 주어와 술어가 명확하게 대응되도록 쓴다. 긴 문장도 두줄을 넘지 않도록 명료하게 쓰며, 부득이한 경우는 쉼표를 적절하게 사용한다.

자기소개서에는 일반적으로 성장과정, 성격, 학교생활, 지원동기 등의 내용이 들어간다. 주의할 것은 일단 자기가 중점적으로 소개되어야 한다. 또 자기의 어떤 능력과 성격이 해당회사에서 유용하게 활용될 수 있는지에 초점을 두고 작성해야 한다.

성장과정 부분에서는 엄하신 아버지와 인자하신 어머니라는 상투적인 문구는 사용하지 않는다. 또 아들이 아니라서 울었다든지, 물 좋고 인심 좋은 산골 소개 등은 도움이 되지 않는다. 또 아버지나 형제를 지나치게 소개하여 가족소개서로 변질되지 않도록 유의한다.

자신의 성격을 표현하면서 과격하다거나 소극적, 내성적이라는 표현은 좋지 않다. 또 자기 스스로 리더십이 있으며 굳은 신념의 소유자라고 표현하는 것도 어색한 표현이다.

학교생활을 기술하는 부분에서는 직장생활에 도움이 되는 무엇을 배웠는지 상세하게 쓴다. 적성이 맞지 않아서 또는 공부하기 싫어서 전혀 배운 것이 없다는 것은 솔직하기 이전에 생각이 없는 사람이라고 짐작하게 한다.

지원동기는 그 회사에 대한 사전조사를 통해서 구체적으로 쓴다. 근로복지시설이 좋아서 지원했다고 쓸 것이 아니라, 업무에 대한 관심과 열정을 보여주어야 한다.

또 의욕은 좋지만 일개 신입사원에 의해 좌우되는 회사인 것처럼 자신을 과대평가하는 것은 좋아 보이지 않는다. 나 같은 인재를 뽑아주지 않으면 후회하리라는 식의 표현은 아무래도 이해하기 어렵다. 장기적으로 그 회사의 경영자가 되겠다고 쓰기보다는 단기적으로 꼭 필요한 비중 있는 전문인력이 되겠다는 정도로 쓰는 것이 좋다.

전체적인 내용에서는 사람마다 의견의 차이가 있는 정치, 종교, 지방색, 여권신장운동 등에 대한 의견을 피력하는 일 자체를 삼간다. 또 단순한 개인의 신념이나 직업관을 밝히는 과정에서도 설교나 설득조의 강요가 되지 않도록 한다. 인생이란, 직업이란으로 시작되는 사회의 초년생인 당신의 설교를 받아야 할 사람은 아무도 없다. 유명인사의 명언이나 속담 등을 이용하는 것도 참신하게 느껴지지는 않으므로 삼가해야 한다.

이력서 쓰기

성명, 주민등록번호, 생년월일 등 인적사항을 기록한다. 이력서의 우측 상단에는 연락 가능한 전화번호를 명기하는 것이 중요하다. 학력 및 경력사항은 가장 핵심적인 부분이므로 구체적으로 적는다. 간단해도 좋으나 학교에서 무엇을 전공하고 어떤 특기를 가지고 있는지 명확하게 쓴다. 경력사항은 동종업종에 취업하는 경우는 경영자의 이름, 주소, 업무의 내용을 쓰고 현재 지원하는 업무에 어떻게 도움이 되는지 쓴다. 특기 및 상벌사항에는 각종 자격증을 공인기관과 함께 자세히 적는다. 사무에 필요한 엑셀, MS오피스 및 전산회계 프로그램 등의 활용능력 정도도 밝혀준다.

✿ 이력서의 사진

이력서의 사진은 깨끗하고 인상이 좋아 보이며 활동적이며 이지적으로 보이는 사진을 붙이도록 한다. 업종에 따라 다른 분위기의 사진이 필요하다. 때에 따라서는 전문사진사의 도움을 받아 사진을 찍는다. 사진에 1차 승부를 걸어야 한다. 사진보다 인상이 좋다는 말에 만족하지 말라. 실물보다 못한 사진 때문에 면접의 기회조차 갖지 못할 뻔했다는 사실을 기억하라.

취업정보를 얻는 방법

취업을 잘하려면 부지런히 머리를 써서 필요한 정보를 충분히 얻어내는 것이 필요하다. 컴퓨터 통신의 발선으로 취업정보를 얻는 방법에서도 불과 몇 년 전과는 큰 차이를 보이고 있다. 이제는 컴퓨터통신망으로만 채용공고를 하고 원서를 접수하는 사례도 늘어나고 있다.

또 헤드헌터나 인재은행 등 인력알선업체에 자신이 원하는 직종과 보수 등을 얘기해 두면 취업알선과 정보를 제공해주는 전문업체도 많이 생겨나고 있다. 기업의 입장에서도 인력채용에 있어 전문성과 유연성을 확보할 수 있고, 필요한 인력만큼 필요한때에 상시채용이 가능하기 때문에 확대될 추세에 있다. 앞으로 취업하고자 하는 사람은 취업정보를 얻는 수준에 따라 취업수준과 취업여부를 좌우한다는 점을 인식하고 노력해야 할 것이다.

고전적으로는 기업에서 사원모집을 할 경우에 대학의 취업상담실로 의뢰하는 경우가 많다. 취업을 위한 정보와 자료를 체계적으로 수집하여 수시로 공고하고 있으므로 자주 들려 확인함으로써 도움을 받을 수 있다. 취업설명회나 면접특강 등을 실시하고 있으니 참가하면 많은 도움을 받을 수 있을 것이다.

최근에는 컴퓨터 통신(천리안, 나우누리, 유니텔, 하이텔)에서도 온라인 취업데이터 베이스를 마련해 방대한 정보를 제공하고 있다. 기업들의 채용공고, 취업뉴스와 입사시험문제, 면접요강 등의 많은 정보를 제공하고 있다. 취업에 컴퓨터 통신을 활용할 수 없다면 걸어서 비행기를 따라잡는 것만큼이나 어려울 것이다.

그 외에도 다양한 경로로 취업을 알선 받을 수 있다. 노동부에서는 전문인력 취업정보센터을 운영하면서 공무원인 직업지도관과 전문상담원들이 상담을 맡는다. 지역센터를 운영한다. 한국경영자총협의회의 경총인재은행에서도 사무관리 및 기술, 전문직의 구인과 구직을 무료로 알선한다. 지역마다 사무실이 있다. 여성자원금고에서는 학력과 나이를 불문하고 여성을 대상으로 한 직업상담과 직업정보를 제공한다.

예절과 이미지

초판 인쇄 / 2002년 10월 31일
초판 발행 / 2002년 11월 10일

지은이 / 이현주
펴낸이 / 임용호

편집위원 / 곽노의(서울교육대학교 교수 · 문학박사)
　　　　　막상화(인창고등학교 교사 · 문학박사)
　　　　　김양훈(인하대학교 교수 · 문학박사)
　　　　　권선형(연세대학교 강사 · 문학박사)
　　　　　김원신(원광대학교 교수 · 이학박사)
　　　　　윤용호(고려대학교 교수 · 문학박사)

펴낸곳 / 도서출판 종문화사
편집 / 조숙진 · 민성원

인쇄 / 삼신문화사
제본 / 우성제본

출판 등록 / 1997년 4월 1일 제22-392
주소 / 서울시 종로구 통의동 35-24 광업회관 3층
전화 / (02)735-6893
팩스 / (02)735-6892

E-mail / jongmhs@unitel.co.kr · jongmhs@kornet.net

값 8,800원

ⓒ 2002, Jong Munhwasa printed in Korea
ISBN 89-87444-32-5 03810

잘못된 책은 바꾸어 드립니다.